Klaus D. Heil

Programmierte Einführung in die Psychologie

Klaus D. Heil

Programmierte Einführung in die Psychologie

Ein Lernprogramm

Herausgegeben vom
Schönberger Institut
für Programmierte Instruktion
Inhaber Dr. Gerd Hennenhofer

Deutsche Verlags-Anstalt
Stuttgart

ISBN 3 421 02650 5

Schutzumschlag Klaus Dempel, Stuttgart
Layout und Grafik ewe Klingeis, Böblingen
Composersatz
Druck und Bindearbeiten Deutsche Verlags-Anstalt GmbH,
Grafischer Großbetrieb, Stuttgart

Printed in Germany

Inhalt

Einleitung

Was verstehen Sie unter „Psychologie"? Wieviel wissen Sie von dieser Wissenschaft? Was meinen Sie damit, wenn Sie jemanden als „Psychologen" bezeichnen? Fühlen Sie sich völlig sicher, wenn Sie — oder andere — im Gespräch psychologische Fachausdrücke verwenden?

Jeder ahnt, welche Rolle die Psychologie heute im täglichen Leben spielt. Und bei fast jeder Gelegenheit wird über Psychologie gesprochen — ob es um Kindererziehung geht oder um Intelligenztests, um Berufs- und Eheberatung, um seelische Krankheiten oder um menschliche Probleme in der Schule und am Arbeitsplatz.

Was wissen Sie wirklich über Psychologie?

Testen Sie sich. Glauben Sie, daß Psychologie überwiegend mit einem oder mehreren der folgenden Begriffe zu tun hat? Bitte kreuzen Sie an, mit welchen:

☐ Seele	☐ Gedächtnis
☐ Gehirn	☐ Träume
☐ Wille	☐ Wahrnehmung
☐ Gefühl	☐ Tests
☐ Denken	☐ Geisteskrankheiten
☐ Lernen	☐ Neurosen
☐ Motive	☐ Sexualität
☐ Unbewußtes	☐ Angst
☐ Kriminalität	☐ Aggression
☐ Meinungsforschung	☐ Menschenführung
☐ Vorurteile	☐ Intelligenz
☐ Kommunikation	☐ Begabung

Haben Sie alle Begriffe angekreuzt? Das ist richtig. Mit all dem befaßt sich heute die Psychologie. Und nicht nur damit. Versuchen Sie, noch weitere Begriffe anzufügen. Ihnen fällt bestimmt noch einiges ein.

In diesem Buch werden viele Gebiete erläutert, mit denen sich die moderne Psychologie befaßt.

Aber zuvor noch ein Test: Versuchen Sie einmal, in einem Satz zu sagen, was Psychologie ist.

....

....

Haben Sie an eine wörtliche Übersetzung gedacht? Nun: „Psycho-Logie" heißt „Lehre von der Seele". Wenn wir uns aber auf diese Definition einigen würden, dann hätten wir eigentlich nur einen unklaren Begriff durch einen anderen ersetzt, der uns auch nicht weiterhilft. Mit einer solchen Definition können wir nichts anfangen.

Die Definition, über die sich heute die meisten wissenschaftlichen Psychologen einig sind, wird Ihnen Lernprogramm 1, das auf Seite 10 beginnt, erläutern. Und im Laufe der Lektüre aller zwölf Kapitel und Lernprogramme werden Sie ein umfassendes Bild davon bekommen, was Psychologie wirklich ist.

Einen Überblick über die Gesamtwissenschaft Psychologie versucht dieses einleitende Kapitel und Lernprogramm 1 zu geben. In den weiteren Kapiteln werden dann die einzelnen Forschungs- und Anwendungsbereiche der Psychologie vorgestellt und jeweils am Beispiel — durch ein Lernprogramm — näher erläutert.

Ein so großes Gebiet, wie es die Wissenschaft der Psychologie heute darstellt, kann man nach den verschiedensten Gesichtspunkten untergliedern — nach ihrer geschichtlichen Entwicklung, nach ihren verschiedenen Schulen, nach ihren Forschungsmethoden oder ihren wissenschaftstheoretischen Hintergründen.

Wir haben uns für eine sehr praktische Gliederung in Teilbereiche entschieden, wie sie ähnlich in den meisten Lehr- und Handbüchern gewählt wird, aber auch dem Studiengang an der Universität entspricht. Abbildung 1 zeigt diese einzelnen Forschungsbereiche der heutigen Psychologie und ihre Anwendungsgebiete.

Abb. 1
Bereiche der Psychologie
in Forschung
und Anwendung

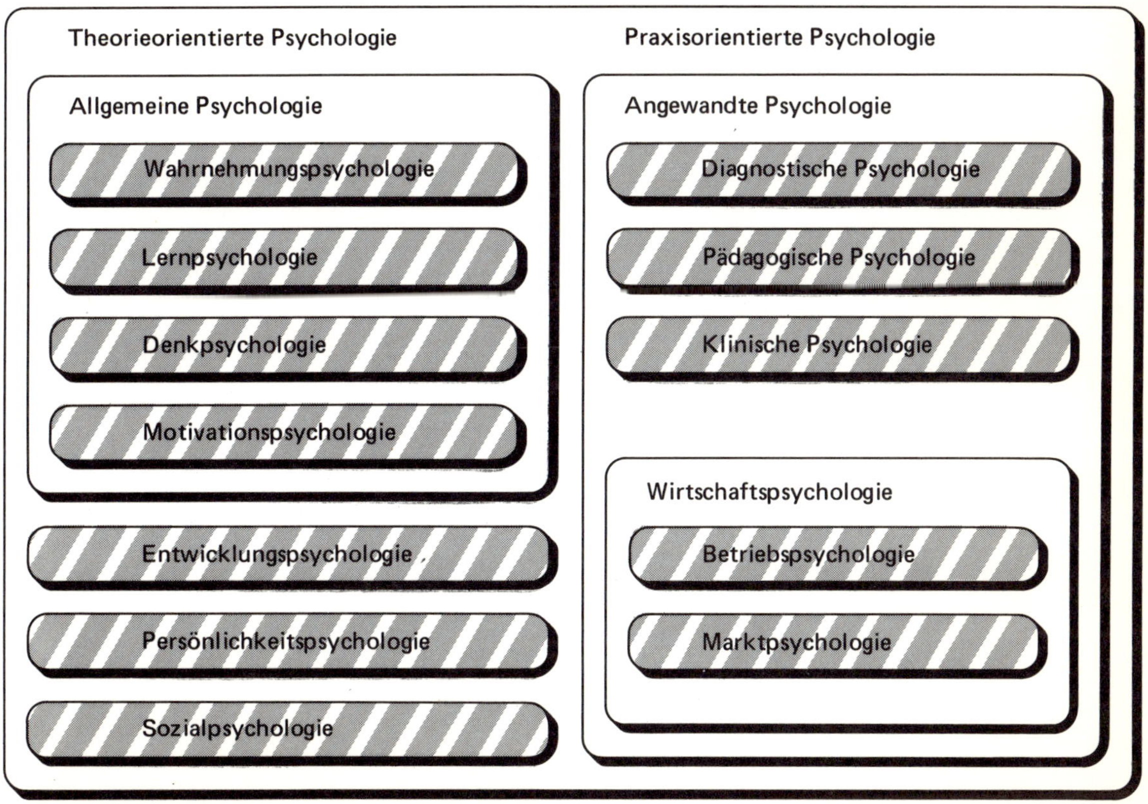

Fragen, die Lernprogramm 1 beantwortet

Lernprogramm 1 wird Antwort auf eine Reihe von Fragen geben. Sie können schon jetzt versuchen — ganz unbefangen —, die Antworten zu finden. Auf alle Fälle sollten Sie nach der Bearbeitung des Lernprogramms 1 anhand dieser Fragen prüfen, wie gut Sie nun Bescheid wissen.

1. Wie wird Psychologie heute definiert?

....

....

2. Ist die moderne Psychologie eine Geistes- oder eine Erfahrungswissenschaft?

....

....

3. Mit welchen Methoden gelangt die Psychologie zu ihren Erkenntnissen?

....

....

4. Wie unterscheiden sich äußere und innere Erfahrung?

....

....

5. Ist für die moderne Psychologie das Verhalten oder das Erleben wichtiger?

....

....

Sie brauchen nicht enttäuscht zu sein, wenn Sie an dieser Stelle nur ungenau oder gar nicht antworten können. Sie werden sich die Antworten auf diese Fragen im Laufe des ersten Lernprogramms erarbeiten.

Die Lernprogramme in diesem Buch wollen nicht einfach gelesen, sondern erarbeitet sein; denn sie stellen Ihnen Fragen und Aufgaben, auf die Sie selbständig antworten sollen. Viele Lernschritte werden nicht ganz leicht sein. Lernstoffe lassen sich nämlich mit unterschiedlichem Schwierigkeitsgrad programmieren: Entweder werden die Lernschritte so einfach gehalten, daß jeder die erwarteten Antworten ohne viel Nachdenken geben kann. Oder die einzelnen Schritte enthalten Spielraum für die eigene intellektuelle Aktivität. Unsere Lernprogramme verlangen von Ihnen, daß Sie mitdenken, daß Sie Zusammenhänge selbst erschließen und Probleme selbst erkennen — und nicht nur Faktenwissen speichern. Aber es macht auch Spaß, plötzlich die richtige Einsicht zu gewinnen.

Und so werden die Programme erarbeitet

- Sie lesen die Information, die der jeweilige Lernschritt bietet, aufmerksam durch.
- Sie lösen die gestellte Aufgabe, indem Sie eine Frage beantworten, ein fehlendes Wort oder einen Satz ergänzen oder die richtige von mehreren vorgegebenen Antworten ankreuzen.
- Legen Sie Ihre Lösung schriftlich nieder, damit Sie sichergehen, daß Sie sich wirklich für eine Antwort entschieden haben. (Dieses Buch ist Ihr Arbeitsbuch; scheuen Sie sich deshalb nicht, Bleistift oder Kugelschreiber zu verwenden!)
- Neben dem jeweiligen Lernschritt finden Sie — zur Kontrolle Ihrer Lösung — die richtige Antwort und oft noch zusätzliche Erläuterungen.
- Sie können nur dann etwas lernen, wenn Sie sich die Lösung erst ansehen, sobald Sie eine eigene Antwort gefunden haben. Decken Sie die vorgegebenen Antworten deshalb mit dem Abdeckstreifen zu, der diesem Buch beigegeben ist. So verhindern Sie auch, daß Sie unabsichtlich schon die Auflösung erfahren und den Spaß am „Knobeln“ verlieren.
- Gehen Sie erst dann zum nächsten Lernschritt weiter, wenn Sie den vorhergehenden bearbeitet und Ihre Lösung kontrolliert haben. Lernprogramme sind nach bestimmten logischen und didaktischen Prinzipien aufgebaut. Deshalb kommt es sehr auf die Reihenfolge der einzelnen Schritte an. Es empfiehlt sich daher auch nicht — anders als in den meisten Lehr- und Sachbüchern —, zunächst ziellos herumzublättern und sich an dieser oder jener Stelle einmal „festzulesen“.

Lernprogramm 1

Was ist Psychologie?

0 Jeder weiß eigentlich, was Psychologie ist. Nicht wahr? Sie haben in der Einleitung die Frage beantwortet. Tun Sie es bitte noch einmal. Vier Definitionen haben Sie zur Auswahl. Entscheiden Sie sich für A, B, C oder D (kreuzen Sie an!), und lesen Sie dann unter dem entsprechenden Buchstaben in der schmalen Spalte weiter:

Psychologie ist . . .

☐ A die Lehre von der Seele.
☐ B die Wissenschaft vom Unbewußten.
☐ C die Wissenschaft vom Verhalten.
☐ D die Lehre von den Geisteskrankheiten.

Wenn Sie A angekreuzt haben:
Sie haben „Psychologie" wörtlich ins Deutsche übersetzt. Und diese Definition galt auch viele Jahrhunderte lang. Jedoch: Nur die „Seele" zu erforschen oder das, was man heute unter Seele versteht, ist den Psychologen nicht mehr konkret genug. Sie haben sich deshalb auf eine andere Definition geeinigt. Versuchen Sie in Schritt 1 die richtige unter den vier Definitionen zu finden.

Wenn Sie B angekreuzt haben:
Sie haben an Freud und Jung, an Träume, Komplexe und Neurosen gedacht? Sicherlich, das gehört auch zur Psychologie — genauer zur Tiefenpsychologie, die aber eben nur ein Teil der gesamten Psychologie ist.
Versuchen Sie in Schritt 1 die umfassendere Definition zu finden.

Wenn Sie C angekreuzt haben:
Sie haben recht: Die meisten Psychologen werden die Frage „Was ist Psychologie?" heute so beantworten: „Die Wissenschaft vom Verhalten." Oder präziser — da genaugenommen auch ein Motor, eine chemische Verbindung oder das Wetter sich „verhalten" —: „Die Wissenschaft vom

menschlichen und tierischen Verhalten."
Lesen Sie bei Schritt 2 weiter.

Wenn Sie D angekreuzt haben:
Sie haben sicherlich an Psychiatrie gedacht. Psychologie ist nicht die Lehre von den Geisteskrankheiten. Damit beschäftigt sich ein Teilgebiet der Medizin. Die beiden Forschungsgebiete sind allerdings miteinander verwandt und arbeiten mitunter eng zusammen.
Gehen Sie doch noch einmal zu Schritt 1 zurück, und wählen Sie eine andere Definition.

Die umfassende Definition ist:
„Psychologie ist die Wissenschaft vom menschlichen und tierischen Verhalten einschließlich der *Anwendung* ihrer Erkenntnisse."

2 Der Psychologe definiert sein Fach meist als „die Wissenschaft vom menschlichen und tierischen Verhalten", und wenn er dann noch bedenkt, daß sich nicht alle Fachbereiche der Psychologie mit „reiner" Wissenschaft und Forschung beschäftigen, sondern daß er sein Geld meist auf einem Gebiet der „Angewandten Psychologie" verdient, wird er zu dieser Definition kommen:

„Psychologie ist die Wissenschaft vom menschlichen und tierischen Verhalten einschließlich der .... ihrer Erkenntnisse."
Ergänzen Sie bitte die Definition um das fehlende Wort.

3 In der Psychologie sind Theorie und Praxis enger als in vielen anderen Wissenschaften verbunden. Bitte machen Sie sich dies einmal an einigen Beispielen aus der Forschung und ihrer Anwendung klar. Verbinden Sie die zueinander gehörenden Bereiche durch Linien:

Forschungsbereich | Anwendungsbereich

4 In diesem Lernprogramm geht es aber nicht um „Angewandte Psychologie“, sondern darum, wie sich die Psychologie als Wissenschaft heute versteht.

Nach moderner Auffassung ist Psychologie eine empirische Wissenschaft, das heißt eine Erfahrungswissenschaft. Erfahrungswissenschaften gründen zum Beispiel nicht auf Intuition, metaphysischer Spekulation, Ethik oder Moral; sie stützen sich ausschließlich auf Erfahrung.

Welche zwei der genannten Wissenschaften sind unter diesem Gesichtspunkt am ehesten mit der Psychologie zu vergleichen?

☐ Theologie
☐ Biologie
☐ Astronomie
☐ Astrologie
☐ Rechtswissenschaft

Die punktierten Linien zeigen, daß es für einen Forschungsbereich auch mehrere Anwendungsgebiete geben kann — und umgekehrt.

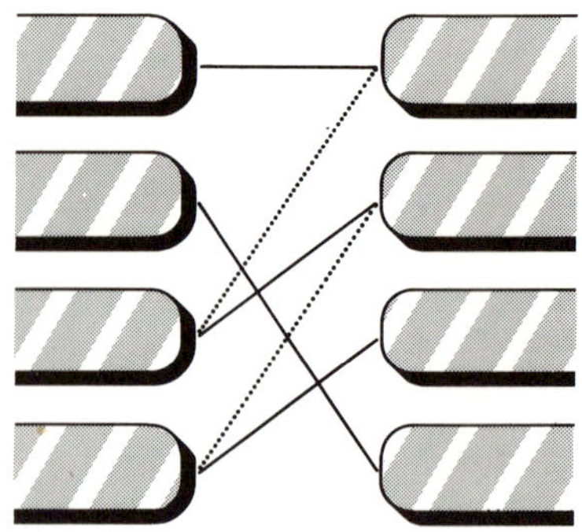

Biologie und *Astronomie* sind empirische Wissenschaften.

B ist richtig:
Die Psychologie als Erfahrungswissenschaft befaßt sich nur mit Dingen, die der Erfahrung zugänglich sind.

5 Was bedeutet es für den Psychologen, daß sein Fach eine Erfahrungswissenschaft ist?
Entscheiden Sie sich für die richtige Antwort:

☐ A Der Psychologe verarbeitet und beurteilt ausschließlich eigene Erfahrungen — also was er selbst erlebt, gesehen, gefühlt und gelernt hat — und zusätzlich auch, was er glaubt und meint.

☐ B Der Psychologe beschäftigt sich nur mit Vorgängen und Gegenständen, die der Erfahrung zugänglich sind; er kümmert sich also nicht um Dinge, die sich nur durch Glauben, Meinen und Spekulieren erschließen lassen.

1. erfahrbar
2. nicht erfahrbar
3. nicht erfahrbar
4. erfahrbar
5. nicht erfahrbar
6. erfahrbar

6 „Der Erfahrung zugänglich“ heißt nichts anderes als „beobachtbar“. Welche der folgenden Sachverhalte sind demnach erfahrbar und welche nicht erfahrbar?

1. „Ich habe Hunger.“
   ☐ erfahrbar ☐ nicht erfahrbar

2. „Auch ein getretener Wurm fühlt den Schmerz.“
   ☐ erfahrbar ☐ nicht erfahrbar

3. „Auch Tiere haben eine Seele.“
   ☐ erfahrbar ☐ nicht erfahrbar

4. „Mein Nachbar ist sehr hilfsbereit.“
   ☐ erfahrbar ☐ nicht erfahrbar

5. „Der Mensch ist von Natur aus gut.“
   ☐ erfahrbar ☐ nicht erfahrbar

6. „Wölfe sind gegen Artgenossen sehr aggressiv.“
   ☐ erfahrbar ☐ nicht erfahrbar

Meteorologie: *Wetter*
Psychologie: *menschliches und tierisches Verhalten*

7 Erfahrungswissenschaften können nach verschiedenen Gesichtspunkten gegeneinander abgegrenzt werden. Ein Gesichtspunkt versteht sich von selbst: der *Gegenstand*, das heißt das Sachgebiet, mit dem die jeweilige Wissenschaft zu tun hat.

Der Gegenstand der Biologie zum Beispiel ist das Leben; der Gegenstand der Meteorologie das ....;
der Gegenstand der Psychologie ist ....
....

8 Es gibt noch einen weiteren Gesichtspunkt, durch den sich die Psychologie von allen anderen Erfahrungswissenschaften unterscheidet: die *Methode*, mit der sie zu ihren Erkenntnissen gelangt.

Der Botaniker, der Chemiker, der Meteorologe beobachten mit Hilfe ihrer Sinnesorgane — erweitert um ihre „künstlichen" Sinnesorgane, die Meßinstrumente. Das tut auch der Psychologe, wenn er das Verhalten eines Menschen oder eines Tieres beobachtet, mit Meßinstrumenten registriert oder zum Beispiel mit einem Test die Intelligenz mißt. Der Psychologe macht aber einen Unterschied zwischen *innerer* und *äußerer Erfahrung*, zwischen *Selbstbeobachtung* und *Fremdbeobachtung*. Unbedingt angewiesen auf seine Sinnesorgane ist er nur bei der Fremdbeobachtung.

Welche Art der Beobachtung hat zu den folgenden Aussagen geführt? Welcher Form der Erfahrung sind sie zugänglich?

1. „Fritz bekommt einen roten Kopf, ergreift eine Vase und schleudert sie auf den Boden." Dieser Sachverhalt gründet sich auf ....
Er ist der .... Erfahrung zugänglich.

2. „Ich bin furchtbar wütend" gründet sich auf
...., das sagt mir die
.... Erfahrung.

1. *Fremdbeobachtung* — *äußere* Erfahrung

2. *Selbstbeobachtung* — *innere* Erfahrung

9 Überlegen Sie jetzt, welche Sachverhalte nur der Selbstbeobachtung und welche der Fremdbeobachtung zugänglich sind:

1. Gefühlsregung .... beobachtung
2. Gesichtsausdruck .... beobachtung
3. Verhalten einer Versuchsperson im Test .... beobachtung
4. Wahrnehmen der Farbe Rot .... beobachtung
5. Nachdenken .... beobachtung
6. Träumen .... beobachtung

1. *Selbst*beobachtung
2. *Fremd*beobachtung
3. *Fremd*beobachtung
4. *Selbst*beobachtung
5. *Selbst*beobachtung
6. *Selbst*beobachtung

1. Psychologie ist die Wissenschaft *vom menschlichen und tierischen Verhalten* einschließlich der *Anwendung* ihrer Erkenntnisse.

2. Psychologie ist eine *Erfahrungs*wissenschaft; sie befaßt sich deshalb nur mit Sachverhalten, die *der Erfahrung zugänglich (erfahrbar, beobachtbar)* sind.

3. Psychologie gewinnt *äußere* und *innere* Erfahrungen durch *Fremd-* und *Selbstbeobachtung*.

10 Fassen wir kurz zusammen:

1. Psychologie ist die Wissenschaft ....
....
.... einschließlich der
.... ihrer Erkenntnisse.

2. Psychologie ist eine .... wissenschaft; sie befaßt sich deshalb nur mit Sachverhalten, die ....
....
.... sind.

3. Die Psychologie gewinnt .... und .... Erfahrungen, und zwar durch zwei Methoden: .... und ....

B ist richtig: Beobachtbar an anderen sind nur Äußerungen des Erlebens.

11 Was der Psychologe an äußeren Erfahrungen — durch Fremdbeobachtung — gewinnt, was er also an anderen beobachtet, sind immer nur Erkenntnisse über ein „Verhalten". Und er definiert Verhalten als „beobachtbare Äußerungen von Menschen und Tieren".

Was der Psychologe aber an sich selbst, durch Selbstbeobachtung, erschließt, das kann nach der Meinung vieler Wissenschaftler keine sinnlich wahrnehmbare „Äußerung" sein. Die Gegenstände der inneren Erfahrung werden eher „erlebt" als beobachtet.

Was kann der Psychologe *an anderen* — mit Hilfe seiner Sinnesorgane oder mit Instrumenten — beobachten?

☐ A Die Erlebnisse, das Erleben selbst.

☐ B Äußerungen über Erlebnisse, Äußerungen des Erlebens.

☐ C Beides.

☐ D Keins von beidem.

12 Viele Psychologen wollen diese beiden grundsätzlich verschiedenen Erfahrungsweisen noch stärker unterscheiden: das Beobachten von äußerem Verhalten und das Erleben als Gegenstand der Selbstbeobachtung. Sie berücksichtigen das auch in der Definition ihrer Wissenschaft, wenn sie *zwei* Gegenstände der Psychologie nennen:

„Psychologie ist die Wissenschaft vom Verhalten und ...."

Psychologie ist die Wissenschaft vom Verhalten und *Erleben.*

13 Sie haben gemerkt, daß jetzt zwar die Definition um den Begriff des Erlebens erweitert wurde, daß dafür aber andere Teile fortgefallen sind.

Warum mußte auf den Zusatz „... menschlichen und tierischen ..." verzichtet werden? Versuchen Sie die Antwort selbst zu finden, und denken Sie dabei daran, daß wir Psychologie als „Erfahrungswissenschaft" betrachtet haben.

....
....
....

Ihre Antwort ist richtig, wenn Sie sinngemäß folgendes bedacht haben: *Tierisches Erleben kann nicht Gegenstand einer Erfahrungswissenschaft sein*, die sich ja auf das Beobachten und nicht auf Glauben, Meinen und Spekulation gründet. Der äußeren Erfahrung ist es nicht zugänglich, und über ihre inneren Erfahrungen — wenn es sie gibt — können uns Tiere nichts erzählen.

14 Sie merken selbst: Die Psychologen sind sich nicht ganz einig, was sie genau unter ihrer Wissenschaft verstehen wollen. Konrad Lorenz etwa würde sich dagegen verwahren, Tier-„Psychologe" genannt zu werden. Er ist Verhaltensforscher (oder Ethologe), und diese Bezeichnung trifft den Sachverhalt, denn seinen Beobachtungen ist nur das .... der Tiere zugänglich.

Dem Verhaltensforscher ist nur das *Verhalten* und nicht das Erleben der Tiere zugänglich.

15 So wichtig für den einzelnen Menschen, für jeden von uns, das Erleben ist, so wichtig es auch für die Psychologie in der langen Geschichte ihrer Entwicklung zur Erfahrungswissenschaft war — so rückt die moderne Psychologie doch als ihren Gegenstand immer mehr das Verhalten in den Mittelpunkt. Denn es ist sehr schwer, aus den — immer subjektiven — Erfahrungen der Selbstbeobachtung allgemeingültige Gesetze abzuleiten und sie in der Praxis anzuwenden.

Wenn Sie prüfen wollen, was Sie jetzt über moderne Psychologie wissen, beantworten Sie die Fragen, die auf Seite 8 gestellt werden. Und vielleicht denken Sie noch ein wenig darüber nach, wie sich Verhalten und Erleben unterscheiden oder ob nicht Erleben nur eine Form des Verhaltens ist.

Wahrnehmungspsychologie

Warum die Wahrnehmungspsychologie eine entscheidende Rolle spielt

Auf welche Weise nehmen wir unsere Umwelt wahr?
Wie verarbeiten wir die Reize, die auf uns eindringen?
Wie entsteht das Bild, das wir uns von der Welt machen?
Und wie richtig ist dieses Bild oder wie falsch?
Das sind die Fragen der Wahrnehmungspsychologie.

An ihr wird besonders deutlich, daß es sich bei der Allgemeinen Psychologie um eine Wissenschaft handelt, die zunächst um der reinen Erkenntnis willen betrieben wird und erst in zweiter Linie nach der Anwendung ihrer Ergebnisse in der Praxis fragt.

Aus mehreren Gründen hat die Wahrnehmungspsychologie einen sehr hohen Stellenwert innerhalb der Psychologie:

Es war die experimentelle Erforschung der Wahrnehmungsvorgänge, mit der die moderne Psychologie begann, sich zur Erfahrungswissenschaft zu entwickeln.

Auf welche Weise wir wahrnehmen, wie wir Reize der Umwelt verarbeiten, wie das Bild entsteht, das wir uns von der Welt machen, diese Fragen müssen beantwortet sein — und das ist der zweite Grund für die Bedeutung dieses Gebietes —, bevor Fragen nach dem Bewußtsein, dem Denken und nach dem Verhalten als Reaktion auf Reize gestellt werden können.

Und noch aus einem dritten Grund hat die Wahrnehmung als Forschungsgegenstand der Psychologie eine Sonderstellung: Im Lernprogramm 1 haben wir festgestellt, daß die Erfahrungswissenschaft Psychologie ihre Erkenntnisse durch Fremd- und Selbstbeobachtung gewinnt. Beobachten ist immer eine Form des Wahrnehmens. Das Teilgebiet der Wahrnehmungspsychologie ermöglicht es der gesamten Psychologie, die eigenen Erkenntnismethoden kritisch unter die Lupe zu nehmen.

So objektiv registrierbar das äußere Verhalten von Menschen und Tieren für den Wissenschaftler ist, so sehr kann er sich aufs Glatteis begeben, wenn er „inneres Verhalten“ — so definiert der Psychologe Prozesse wie Wahrnehmen und Denken — erforschen will. Inneres Verhalten ist ja nur der Selbstbeobachtung direkt zugänglich.

Wählt er die Fremdbeobachtung, muß sich der Psychologe auf die Aussagen seiner Versuchsperson verlassen oder ihre Wahrnehmungen aus ihrem äußeren Verhalten erschließen.

Drei Wege zur Erforschung der Wahrnehmung — ein Experiment

Spielen Sie dieses Problem einmal am Beispiel der sogenannten „Müller-Lyerschen Täuschung“ (Abbildung 3 auf Seite 22) durch. Zunächst Ihre *Selbstbeobachtung*: Schätzen Sie, um wieviel die obere Waagerechte mit den nach außen zeigenden Pfeilspitzen kleiner ist als die untere mit den nach innen gerichteten Pfeilspitzen. Überlegen Sie dann, ob Ihr Urteil über Ihre — ganz persönliche — Wahrnehmung wirklich hinreicht, um zu einer allgemeingültigen Aussage, vielleicht über ein Wahrnehmungsgesetz, zu gelangen.

Wenn Sie, wie ein ernsthafter Forscher, von mehr als nur einem einzelnen Fall ausgehen wollen, müssen Sie zur *Fremdbeobachtung* übergehen. Legen Sie einem Freund die Müller-Lyersche Figur vor, und bitten Sie ihn um eine Aussage über seine Wahrnehmung. Möglicherweise haben Sie Pech. Ihr Freund kennt den „Trick“ (wer läßt sich schon gerne hereinlegen!) und sagt: „Beide Strecken sind gleich lang!“

Selbst wenn er ganz sicher die obere Waagerechte kürzer *gesehen* hat, von seiner *Aussage* über seine Wahrnehmung läßt er sich vielleicht durch nichts mehr abbringen. Also ist auf die Aussagen von Versuchspersonen über ihre Wahrnehmungen auch nicht immer Verlaß.

Probieren Sie den dritten Weg: die Wahrnehmung aus dem *Verhalten* zu schließen. Zeichnen Sie, wie es Abbildung 2 zeigt, eine Müller-Lyersche Figur auf zwei Kärtchen:

Abb. 2

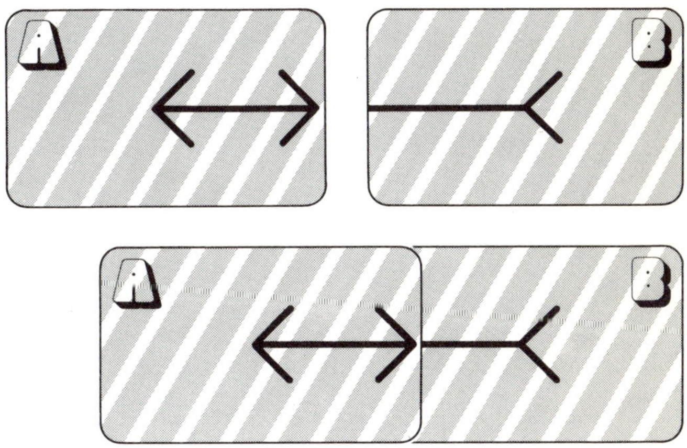

Lassen Sie Ihren Freund nun die Karte A langsam nach rechts über die Karte B schieben — so lange, bis er die linke und die rechte Strecke gleich lang sieht. Messen Sie nun nach. Ihr Freund wird überrascht sein. Und Sie haben sich bestimmt eine Meinung gebildet, welcher der drei möglichen Zugangswege zur Erforschung der Wahrnehmung der objektivste und verläßlichste ist: die Selbstbeobachtung, die Aussage eines anderen über seine Selbstbeobachtung oder die Beobachtung des Verhaltens.

Was ist Wahrnehmung überhaupt?

Eine Grundeigenschaft aller Lebewesen ist ihre Reizbarkeit. Physikalisch-chemische Energien wirken auf den Organismus ein, führen zu bestimmten Veränderungen im Organismus, die wiederum zu bestimmten Reaktionen führen. Ohne diese Fähigkeit, Informationen aus der Umwelt zu gewinnen und auf sie angemessen zu reagieren, gäbe es für Pflanze und Tier kein Überleben. Alle Lebewesen haben spezifische Sinneszellen und Sinnesorgane entwickelt, die aus der Fülle der physikalisch-chemischen Energien, die die Organismen umgeben, jene herausfiltern, die für ihr Bestehen sinnvoll sind:

- Licht und Wärmestrahlung aus dem Bereich der elektromagnetischen Energie;
- Geruch und Geschmack aus dem Bereich der chemischen Energie;
- Schallwellen, Druck, Wärme und Schwerkraft aus dem Bereich der mechanischen Energie.

Die Gesetzmäßigkeiten aufzudecken, nach denen Reize Erregungen in Sinneszellen, Nerven oder Gehirn und andere Reaktionen auslösen, ist Aufgabe der *Sinnesphysiologie.*

Die Wahrnehmungspsychologie will mehr. Denn der Mensch ist kein automatenhafter Reiz-Reaktions-Mechanismus. „Zwischen" Reiz und Reaktion ist ein Bild der Welt geschaltet, zwar kein „Abbild" der Wirklichkeit, aber ein Modell unserer Umwelt und von uns selbst in dieser Umwelt, das aufgrund von Sinnesdaten entsteht und in dem wir planvoll handeln können: Wir nehmen wahr, wir sehen, hören, riechen, schmecken, empfinden Wärme, Kälte, Schmerz, Hunger, Durst. Von höheren Tieren, die ähnliche Sinnesorgane und ein ähnliches Nervensystem haben, können wir vermuten (nie wissen!), daß sie Wahrnehmungen haben, die den menschlichen entsprechen.

Es ist uns jetzt möglich, „Wahrnehmen" zu definieren:

- *Wahrnehmen heißt, Informationen aus Umwelt- und Körperreizen zu gewinnen, die zu einem — meist bewußten — Auffassen und Erkennen von Gegenständen und Vorgängen führen, und sie in unser Bild der Welt einzuordnen.*

Wie die Wahrnehmungspsychologie begann

Die naturwissenschaftlich orientierte Psychologie begann in der ersten Hälfte des letzten Jahrhunderts mit der Erforschung der Sinnesorgane und der Frage, zu welchen psychischen Wirkungen bestimmte physikalische Ursachen führen. Bei diesen Untersuchungen trat erstmalig an die Stelle der Spekulation und der Selbstbeobachtung das *Experiment.* Auf der Suche nach der naturgesetzlichen Erklärung psychischer Phänomene gelang es nun, „seelische" Vorgänge zu messen.

Die *Psychophysik* — so nannte sich die damalige Wahrnehmungspsychologie — erforschte die Beziehungen zwischen physikalischer Reizstärke und Stärke und Art der wahrgenommenen Empfindung. Sie ermittelte die „Wahrnehmungsschwellen" — wie stark ein Reiz sein muß, um gerade eben wahrgenommen zu werden — und entwickelte eine Fülle von heute noch gültigen Meßmethoden für psychologische Phänomene. Die Schulen der *Ganzheits-* und der *Gestaltpsychologie* zeigten, daß die frühen „Psychophysiker" eine zu einseitige Auffassung von Wahrnehmungsvorgängen hatten und erkannten, daß sich unsere Wahrnehmungswelt nicht aus Einzelempfindungen zusammensetzt. Unser Erleben besteht nicht aus einem Nebeneinander einzelner Sinnesdaten. Vielmehr sind unsere Wahrnehmungsinhalte immer schon „ganzheitlich". Sie unterliegen einer spontanen Tendenz zur Ordnung und Organisation nach sogenannten „Gestaltgesetzen".

Was wir wahrnehmen, ist nie genau das, was unsere Sinnesorgane aufgrund physikalischer Gesetze registrieren, sondern wird meistens

- von anderen Wahrnehmungen mitgestaltet,
- durch „Gestaltgesetze" strukturiert,
- von Erfahrungen und Lernprozessen beeinflußt,
- von Motiven, Einstellungen, Erwartungen und Stimmungen verändert.

Diese psychischen Faktoren zu erforschen, die die Reize der Umwelt verändern und die unsere Wahrnehmungen mitgestalten, ist eine der wesentlichen Aufgaben der Wahrnehmungspsychologie.

Wahrnehmungstäuschungen

Die Veränderungen, die Reize erfahren, wenn sie zu einer Wahrnehmung führen, haben ihren Sinn. Die selbständigen psychischen Gestaltungstendenzen machen es erst möglich, daß wir ein geordnetes Bild der Umwelt gewinnen. Gäbe es sie nicht, wären wir einer überwältigenden Fülle diffuser, ungegliederter und nicht deutbarer Einzelempfindungen ausgesetzt.

Das heißt jedoch nicht, daß wir uns immer auf unser ordnendes Wahrnehmungssystem verlassen können, daß es uns immer ein Bild der Welt liefert, „so wie sie ist".

Wir können Wahrnehmungstäuschungen unterliegen:

- *Halluzinationen*, wahrnehmungsähnliche Phänomene, die jeder Reizgrundlage entbehren, können — im Rausch, bei Geisteskrankheiten, unter Hypnose oder beim Übergang vom Wachen zum Schlafen — auftreten.
- *Illusionen*, Fehl- oder Umdeutungen von Sinnesdaten, verzerren unsere Wahrnehmung. Von den Illusionen besteht ein gleitender Übergang zu den

• eigentlichen *Wahrnehmungstäuschungen.* Ein besonders prägnantes Beispiel für diese Form der Verkennung der Realität aus dem Gebiet der visuellen Wahrnehmung sind die sogenannten „geometrisch-optischen Täuschungen", mit denen sich das Lernprogramm 2 befaßt.

Die Abbildungen 3 bis 9 zeigen einige der „klassischen" geometrisch-optischen Täuschungen.

Abb. 3
Müller-Lyersche Täuschung

Die Strecke mit den nach außen zeigenden Pfeilspitzen erscheint kürzer als die mit den nach innen weisenden Pfeilen.

Abb. 4
Sandersche Täuschung

Die Diagonale im größeren Parallelogramm erscheint länger als die im kleineren.

Abb. 5
Poggendorfsche Täuschung

Der rechte Teil der von den Parallelen unterbrochenen Geraden erscheint gegenüber dem linken Teil versetzt.

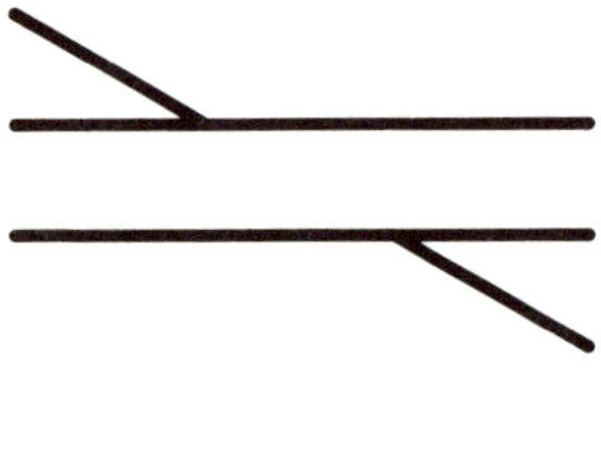

Abb. 6
Ponzosche Täuschung

Die linke der beiden senkrechten Geraden erscheint länger als die rechte.

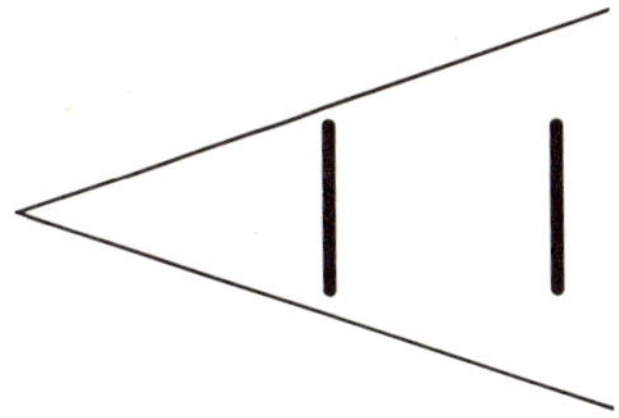

Abb. 7
Zöllnersche Täuschung

Die parallelen Waagerechten erscheinen nach oben rechts beziehungsweise unten rechts geneigt.

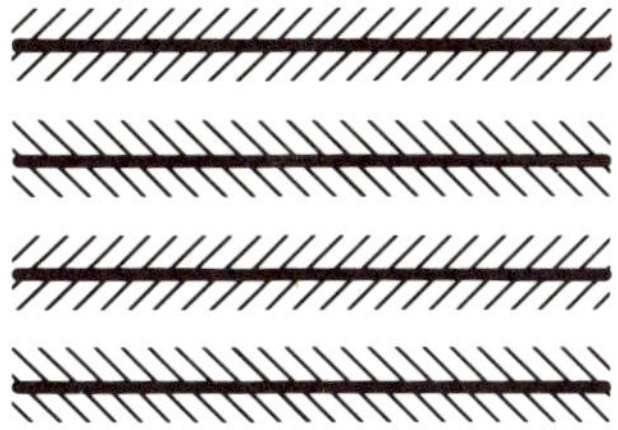

Abb. 8
Heringsche Täuschung

Die waagerechten Parallelen erscheinen um das Zentrum des Strahlenbündels herumgebogen.

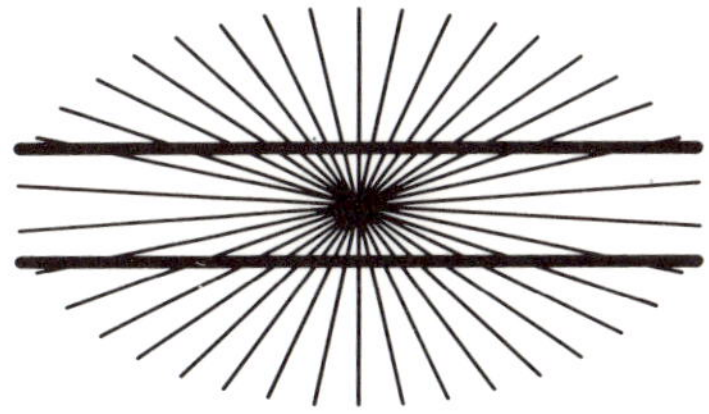

Abb. 9
Ehrensteinsche Täuschung

Das Quadrat erscheint zum Trapez verzerrt.

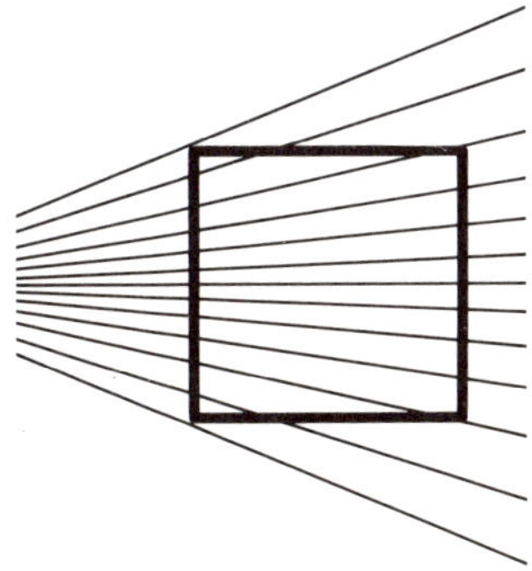

Lernprogramm 2

Wie kommt es zu optischen Täuschungen?

1 Sie haben inzwischen bestimmt die Abbildungen der optischen Täuschungen betrachtet. Lassen Sie die Zeichnungen noch einmal unbefangen auf sich wirken, betrachten Sie sie dann kritischer, und lesen Sie die dazu gehörigen Bildtexte.

Beantworten Sie nun gleich zu Beginn eine sehr knifflige Frage:

Welche der folgenden Aussagen wird durch Ihre Beobachtungen bestätigt, wenn Sie sich klarmachen, daß immer nur bestimmte Teile der Figuren in unserer Wahrnehmung scheinbar einer Verzerrung oder anderen Veränderungen unterliegen?

Eine Wahrnehmung . . .

☐ A wird immer von anderen Wahrnehmungen mitgestaltet.

☐ B wird durch Gestaltgesetze strukturiert.

☐ C wird von vergangenen Erfahrungen beeinflußt.

☐ D wird von Motiven, Einstellungen, Erwartungen und Stimmungen verändert.

Wenn Sie A angekreuzt haben:
Sie haben richtig beobachtet. Es sind die Reize, die von den anderen Teilen der Zeichnung ausgehen, die unsere Wahrnehmung mitgestalten und zur Täuschung führen.
Lesen Sie bei Schritt 2 weiter!

Wenn Sie B angekreuzt haben:
Diese Aussage, für sich genommen, ist richtig. Das bewiesen die Gestaltpsychologen. Aber seien Sie selbstkritisch: Kann man zu einer solchen Feststellung einfach aufgrund der Beobachtung der optischen Täuschungen kommen? (Oder wissen Sie schon genau, welche Gestaltgesetze es gibt?) Gehen Sie noch einmal zu Schritt 1, und wählen Sie die Aussage, die Sie direkt aus Ihren Beobachtungen ableiten können. Eine Hilfe: Denken Sie daran, daß immer nur Teile der Zeichnungen, nicht die ganze Figur, von Veränderungen betroffen sind!

Wenn Sie C angekreuzt haben:
Diese Aussage ist sicher richtig, und man kann sie auch zur Erklärung vieler geometrisch-optischer Täuschungen heranziehen. Aber ehrlich: Konnten Sie diese Feststellung direkt aus Ihren Beobachtungen ableiten?
Gehen Sie noch einmal zu Schritt 1, und wählen Sie eine andere Möglichkeit. Denken Sie dabei daran, daß nur be-

stimmte Teile der Zeichnungen, nicht die ganze Figur, den Verzerrungen unterliegen.

Wenn Sie D angekreuzt haben:
Diese Aussage ist nicht falsch. Sie läßt sich jedoch im allgemeinen nur durch umfangreichere psychologische Experimente belegen. Allein aufgrund Ihrer kritischen Betrachtung der Abbildung dürften Sie kaum zu dieser Erkenntnis gelangen.
Wählen Sie deshalb in Schritt 1 jene Aussage, die man ohne weitere Untersuchungen oder tiefschürfende Selbstbeobachtung aus den Abbildungen ableiten kann. Eine Hilfe: Es unterliegen ja immer nur Teile der Zeichnungen, nicht die ganze Figur, einer Verzerrung!

Isoliert man aus einer geometrisch-optischen Täuschung die Teile, die in der Wahrnehmung einer Veränderung unterliegen, *liegt keine Täuschung mehr vor, die Wahrnehmung entspricht den „wahren" geometrischen Verhältnissen.*

2 Entfernen Sie einmal in Gedanken die angesetzten Winkel bei der Müller-Lyerschen Täuschung (Abb. 3), die Begrenzungslinien des Sanderschen Parallelogramms (Abb. 4), die Schraffierungen der Zöllnerschen Täuschung (Abb. 7) oder das Strahlenbündel in der Heringschen Figur (Abb. 8). Noch besser: Sie nehmen ein Transparentpapier und zeichnen nur die Teile nach, die verzerrt wahrgenommen werden.
Was können Sie feststellen?

....

....

....

3 Zwei wichtige Erkenntnisse über die Gesetze unserer Wahrnehmung können wir an den so einfachen Figuren der geometrisch-optischen Täuschungen gewinnen. Die erste:

Eine Wahrnehmung wird immer ....

....

Eine Wahrnehmung wird immer *von anderen Wahrnehmungen mitgestaltet.*

4 Überlegen Sie sich selbst die zweite Tatsache: Unser Auge als optischer Apparat wird oft mit einer Kamera verglichen. Sie könnten nun die Abbildungen der optischen Täuschungen fotografieren und die geometrischen Verhältnisse auf dem Film nachmessen: Der Fotoapparat bildet die Zeichnungen wirklichkeitsgetreu ab. Ähnlich ist es mit unserem Auge. Auf der Netzhaut wird von der Linse ein getreues Bild der Vorlage entworfen. Und dennoch „sehen" wir die Täuschungen. Was folgt daraus?

Nicht unser .... trügt uns, sondern unser

....

Nicht im *Auge* entstehen die geometrisch-optischen Täuschungen, sondern im *Gehirn*, in unserer Wahrnehmung.

5 Urteilen Sie nun:

1. Können wir uns darauf verlassen, daß ein Gegenstand der Außenwelt und unsere Wahrnehmung dieses Gegenstandes sich immer genau entsprechen?
   ☐ Ja ☐ Nein

2. Ist Verlaß darauf, ob einem bestimmten Reiz, der auf ein Sinnesorgan einwirkt, immer und unter allen Umständen die gleiche Wahrnehmung entspricht?
   ☐ Ja ☐ Nein

In beiden Fällen muß man mit *Nein* antworten. In der Kette Gegenstand → Reiz → Wahrnehmung sind *zwei* unsichere Glieder!

Faktoren, die die Wahrnehmung beeinflussen:

1. die Mitgestaltung durch *andere Wahrnehmungen*;

2. der Einfluß von vergangenen *Erfahrungen*;

3. die Strukturierung durch *Gestaltgesetze.*

6 Wie kommt es aber, daß wir uns trotz dieser Unsicherheit in unserer Welt doch recht gut zurechtfinden? Auch zur Klärung dieser Frage hat die Analyse der geometrisch-optischen Täuschung viel beigetragen.

Bevor wir uns auf die Suche nach den Ursachen begeben, erinnern Sie sich noch einmal an die Faktoren, die unsere Wahrnehmung mit beeinflussen:

Von Motiven, Einstellungen wollen wir hier einmal absehen; denn optische Täuschungen treten meist unabhängig davon auf. Die anderen Faktoren waren . . .

1. die Mitgestaltung durch ....;
2. der Einfluß von vergangenen ....;
3. die Strukturierung durch ....gesetze.

Wir meinen, in beiden Fällen *Ja.*

7 Auf diese drei Faktoren werden die meisten geometrisch-optischen Täuschungen heute zurückgeführt. Viele frühere Theorien sind heute überholt. So zum Beispiel . . .

- die „Einfühlungstheorie": Sie besagte, daß die Täuschungsfiguren eine gefühlsmäßige Bedeutung für den Betrachter hätten. Er würde — beispielsweise von den Müller-Lyerschen Figuren — entweder „hineingesogen" oder „abgestoßen".
- die „Augenbewegungstheorie": Der Energieaufwand für die Muskelbewegung der Augen beim Betrachten der Figuren sei aus verschiedenen Gründen für gleichlange Strecken unterschiedlich.

Ob die zweite Theorie stimmt, können Sie an den Abbildungen 8 und 9 selbst testen:

1. Tritt die Täuschung auch dann noch auf, wenn Sie den Blick völlig unregelmäßig über die Figur schweifen lassen?

   ☐ Ja ☐ Nein

2. Und wenn Sie einen Punkt in der Abbildung fixieren, die Augen also gar nicht bewegen?

   ☐ Ja ☐ Nein

8 Eine recht plausible Erklärung bietet hingegen die „Perspektive-Theorie“:
Zwar ist die Ponzosche Figur (Abb. 6) den wenigsten Menschen bisher begegnet. Ähnliche Umgebungen wie in den Abbildungen 10 und 11 sehen wir dagegen häufiger. In den Häuserfluchten oder den Linien des Pflasters erkennen wir die Elemente der Ponzoschen Täuschung wieder.

Abb. 10

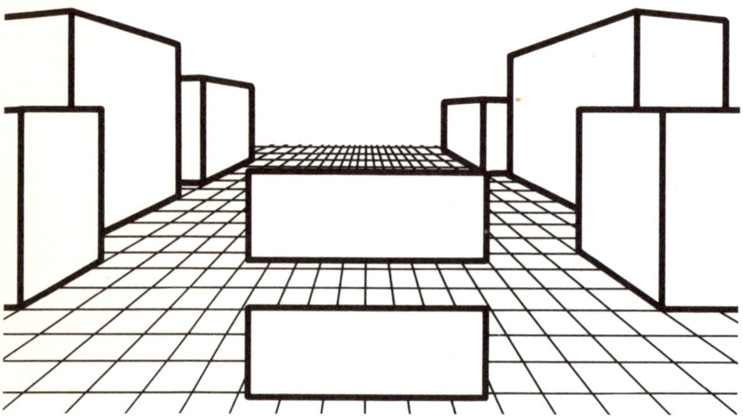

Abb. 11

Die zusammenlaufenden Linien suggerieren Ferne, die Tiefe des dreidimensionalen Raums. Und diese Perspektive läßt uns das „entferntere“ Objekt in seiner Größe überschätzen. Denn wir haben gelernt, daß normalerweise ein Gegenstand mit zunehmender Entfernung immer kleiner aussieht.

Welcher Faktor beeinflußt nach der Perspektive-Theorie die Wahrnehmung und läßt uns der Täuschung erliegen?

....

....

Die Perspektive-Theorie behauptet: *Die Mitgestaltung der Wahrnehmung durch Erfahrungen* läßt uns den optischen Täuschungen erliegen. Denn die Erfahrung mit dem dreidimensionalen Raum überträgt sich — so die Perspektive-Theorie — auch auf die stilisierten Abbildungen der geometrisch-optischen Täuschungen.

1. Die Sandersche Täuschung (Abb. 4)
(Denken Sie sich dieses „Feld“ einmal aus der Vogelschau von oben betrachtet — das Parallelogramm wird zum Rechteck, und die Diagonale im kleineren Feld „muß“ ja dann kürzer sein!)

2. Die Müller-Lyersche Täuschung (Abb. 3)
(Man kann sich dieses Prinzip besonders an Fotografien von Innenräumen oder Häusern klarmachen.)

9 Sie merken: Es ist ein sinnvolles Prinzip, das im Sonderfall zur Wahrnehmungstäuschung führt. Das Prinzip der perspektivischen Wahrnehmung ermöglicht uns die Orientierung im Raum. Dadurch können wir das zweidimensionale Abbild der Ferne auf einer Fotografie richtig deuten, dadurch sehen wir Raumtiefe, obwohl das Abbild auf der Netzhaut unseres Auges flächig ist. (Es gibt noch viele andere Hinweise auf Raumtiefe, etwa das stereoskopische Sehen, das aber in größerer Entfernung an Wirkung verliert.)

Sie können jetzt auch andere geometrisch-optische Täuschungen nach der Perspektive-Theorie richtig deuten:

1. Welche der Abbildungen auf den Seiten 22 und 23 entspricht einem stilisierten rechteckigen Feld, das sich in die Ferne zu erstrecken scheint?

....

2. Welche geometrisch-optische Täuschung kann interpretiert werden als Blick in eine Zimmerecke, in der zwei Wände zusammenlaufen, oder als Blick auf die Kante eines Häuserblocks?

....

Wenn Wahrnehmungstäuschungen nicht durch Einflüsse der *Erfahrung* zu erklären sind, bleibt nur noch eine Möglichkeit: Strukturierung durch *Gestaltgesetze*.

10 Aber so schnell sind die Wahrnehmungspsychologen mit einer Erklärung nicht zufrieden. Die Perspektive-Theorie versagt nämlich dann, wenn man Experimente wie das folgende macht:

Man bildet zum Beispiel die Figuren der Müller-Lyerschen Täuschung (Abb. 3) aus Draht nach und läßt nun Versuchspersonen mit verbundenen Augen die Linien abtasten.

Ergebnis: Im Bereich der Tastwahrnehmung stellt sich die gleiche Täuschung über die Streckenlänge ein. Unser Tastsinn hat aber kaum Erfahrungen mit perspektivischer Wahrnehmung machen können. Das Erlebnis der Perspektive beschränkt sich auf die visuelle Wahrnehmung.

Es kann also nicht immer der Einfluß von .... sein, der zu Wahrnehmungstäuschungen führt.

Dann bleibt nur noch die Möglichkeit, die Strukturierung unserer Wahrnehmung durch .... als Erklärung heranzuziehen.

11 Was sind nun diese geheimnisvollen „Gestaltgesetze“?
Nehmen wir ein Beispiel:

Wenn ein Mensch 1012 DM verdient, wird man leicht sagen: „Er verdient rund tausend Mark.“ Umgekehrt käme im allgemeinen niemand auf die Idee, bei einem Einkommen von genau 1000 DM zu sagen: „Das sind fast eintausendundzwölf Mark.“

Ähnlich ist es in folgendem Fall: Ein Winkel von 85 Grad wird leicht als ein „fast rechter“ Winkel beurteilt, ein rechter Winkel hingegen kaum als ein Winkel von „rund 85 Grad“.

Und ein Parallelogramm wird eher als „verzerrtes Rechteck“ gesehen als umgekehrt ein Rechteck als „verzerrtes Parallelogramm“.

In unseren Aussagen, in unseren Urteilen, aber auch in unseren Wahrnehmungen tendieren wir dazu, Größen, Objekte und „Gestalten“ zu bevorzugen, die . . .

☐ A besonders verzerrt sind;

☐ B sich von anderen kaum unterscheiden;

☐ C sich von anderen durch besondere Bedeutung und Prägnanz abheben.

C ist richtig.

12 Die Gestaltpsychologie hat eine Reihe von Gestaltgesetzen formuliert. Eines der wichtigsten ist bei den eben geschilderten Fällen im Spiel: die sogenannte „Prägnanztendenz“, die Tendenz zur „guten“ (etwa zur geschlossenen, symmetrischen) Gestalt.

Diese Prägnanztendenz gestaltet auch unsere Wahrnehmungsinhalte. Sie läßt sich besonders gut an den geometrisch-optischen Täuschungen beobachten.

Betrachten Sie wieder die Abbildungen 3 bis 9: In jeder dieser Figuren bilden gerade Linien miteinander Winkel, spitze oder stumpfe.

Alle diese Winkel haben die Tendenz, in unserer Wahrnehmung zu .... zu werden.

Spitze und stumpfe (nichtrechte) Winkel haben die Tendenz, in der Wahrnehmung zu *rechten Winkeln* zu werden.

1. *Die Heringsche Täuschung (Abb. 8)*

2. *Die Ehrensteinsche Täuschung (Abb. 9)*

13 Besonders deutlich wird das Gestaltgesetz der Prägnanztendenz an der Zöllnerschen Täuschung (Abb. 7):

Die vielen schrägen Schraffurstriche greifen in jedem Schnittpunkt mit den Waagerechten an und „versuchen", mit ihnen einen rechten Winkel zu bilden. Das führt zur Neigung der waagerechten Geraden.

An zwei weiteren Figuren erkennen Sie, daß die Täuschung dann besonders deutlich wird, wenn gleichzeitig viele nichtrechte Winkel versuchen, zu rechten zu werden. Es sind:

1. ....
2. ....

Gestaltgesetze wie das Prägnanzprinzip machen es uns möglich, in einer flächigen Abbildung *die Tiefe des Raums* zu sehen.

14 Die Prägnanztendenz, die Tendenz zur „guten" Gestalt, ist nicht nur auf die Tendenz zum rechten Winkel beschränkt. Sie können ihr auf Schritt und Tritt begegnen: Das Oval neigt dazu, in der Wahrnehmung zum Kreis zu werden, das Parallelogramm tendiert zum Rechteck (Abb. 4: die Sandersche Täuschung).

Von der Gestaltpsychologie her erscheint nun die Perspektive-Theorie in neuem Licht. Nur ist es umgekehrt:

Nicht unsere Erfahrung mit der Tiefe des Raums läßt uns Täuschungen wie der Sanderschen, der Müller-Lyerschen, der Ponzoschen oder der Ehrensteinschen unterliegen. Eher ist es das Prägnanzgesetz (und besonders die Tendenz zum rechten Winkel), das es uns überhaupt erst möglich macht, in einem flächigen Abbild ....
.... zu sehen.

15 Unsere Wahrnehmung ist unvollkommen.
Die Sinnesorgane zeigen uns ja nur einen kleinen Ausschnitt aus der realen Welt. Und die optisch-geometrischen Täuschungen zeigen, daß diese Realität zudem noch verfälscht werden kann: Die wahrgenommenen Maßverhältnisse entsprechen nicht immer der geometrisch erfaßbaren Wirklichkeit.

Für diese eigentlich recht gekünstelten Sonderfälle sind Ordnungsprinzipien unserer Wahrnehmung verantwortlich, die ihren Sinn haben — die Prägnanztendenz ist nur eines unter vielen.

Erinnern Sie sich an die beiden schwachen Stellen in der Kette Gegenstand → Reiz → Wahrnehmung?

Zwischen den Reizen, die unsere Sinnesorgane aufnehmen, und der Wahrnehmung gibt es oft keine Entsprechung. Die Ordnungsprinzipien unserer Wahrnehmung sorgen aber dafür, daß trotz dieser Tatsache meist eine Entsprechung zwischen Gegenstand und Wahrnehmung besteht. Sie gestalten ein so wirklichkeitsgetreues Bild der Welt, daß noch kein technisches System — etwa ein Computer — hergestellt werden konnte, das diese Leistungen des menschlichen Gehirns simulieren kann.

Denkpsychologie

Der Mensch ist das Lebewesen, das die Fähigkeit des Denkens am vollkommensten beherrscht. Auch manche Tiere können vermutlich — ansatzweise — denken. Die Perfektion des Denkens besitzt nur der Mensch.

Die Psychologie nimmt sich viel vor, wenn sie diese Fähigkeit erforschen will. Und sie ist besonders im Bereich der Denkpsychologie noch weit davon entfernt, alle Fragen nach dem Wie und Warum beantwortet und alle Gesetzmäßigkeiten erforscht zu haben.

Wir Menschen sind stolz darauf, denken zu können. Und wir hüten diesen Besitz eifersüchtig. Wenn Berichterstatter die Fähigkeiten elektronischer Rechenanlagen dem staunenden Laienpublikum vorstellen wollen, wird der brave Computer, schließlich doch Menschenwerk, zur unheimlichen „Denkmaschine". Und manchen schaudert bei dem Gedanken, es könnte irgendwo im Weltall neben uns noch andere denkende Wesen geben. „Denkende" Wesen, wohlgemerkt, nicht „wahrnehmende", „sich verhaltende", irgendwie „motivierte" oder „lernende" Wesen.

Unter den psychischen Funktionen, die Gegenstand der Allgemeinen Psychologie sind, scheint das *Denken* eine ganz besondere Stellung einzunehmen. Nicht zu unrecht; denn Denken ist die höchste psychische Leistung des Menschen. Seinen einzigartigen Aufstieg unter den Lebewesen unseres Planeten verdankt er dieser Fähigkeit seines Gehirns.

Bevor der Denkpsychologe sich auf die Suche nach der Erklärung und nach den Ursachen eines Phänomens machen kann, muß er zunächst seinen Forschungsgegenstand abgrenzen. Hier taucht die erste Schwierigkeit auf.

Was ist Denken eigentlich?

Wir verwenden das Wort „denken" täglich in einer Vielzahl verschiedener Bedeutungen:

1. Jedem von uns ist es schon passiert. Wir saßen da, haben nichts getan, eigentlich auch unsere Umwelt nicht beobachtet. Wir haben aber auch nicht geschlafen. Waren wir völlig inaktiv? Nein, denn jemand stellte plötzlich die Frage: „Was denkst du eigentlich gerade? " und gab damit schon eine Deutung für unser Verhalten. Wenn wir uns dann ertappt fühlten und, leicht verlegen, antworteten: „Ach, nichts", dann waren wir wahrscheinlich mit einer Form psychischer Aktivität beschäftigt, die der Psychologe *autistisches Denken* nennt. Wir hängen irgendwelchen Phantasien, Tagträumen nach, schweifen absichtslos von einer Vorstellung zur anderen. Diese Form des Denkens

wird meist ausgelöst von augenblicklichen Gefühlen, Bedürfnissen und Wünschen.

2. Vielleicht haben Sie dem Fragesteller auch geantwortet: „Ich denke gerade nach, wem ich das und das Buch geliehen habe." Dann haben Sie „denken" in der Bedeutung von *sich erinnern* verwendet. Denken ist hier der Versuch, früher Wahrgenommenes, Erlebtes oder Gelerntes sich ins Gedächtnis, ins Bewußtsein zu rufen. Eine verwandte Bedeutung hat das Wort, wenn wir jemandem mit den Worten „ich werde daran denken" versprechen, etwas nicht zu vergessen.

3. Eine Mittelstellung zwischen der ersten und zweiten Bedeutung nimmt die dritte ein, wenn wir antworten: „Ich denke gerade an die letzten Ferien." Vielleicht stellten wir uns gerade lebhaft einen schönen Tag am Strand unseres Urlaubsortes vor. Wir meinen mit „Denken" eigentlich ein „Sich-Vorstellen", das absichtliche Wiederhervorrufen von vergangenen Sinneseindrücken. Nur hat dieses Vergegenwärtigen nicht mehr ganz den Charakter des Anschaulichen, des Bildhaften, Wirklichkeitsgetreuen, den unsere damalige Wahrnehmung hatte.

4. Stellen Sie sich einen Chirurgen vor, der während einer Operation, einen Bergsteiger, der beim Durchqueren einer Steilwand, einen Piloten, der bei einer Landung „mit seinen Gedanken nicht bei der Sache" wäre. Viele Tätigkeiten und Handlungen kann man gar nicht tun, ohne daß man dabei „denkt": Man *handelt „bedächtig"*, „bedachtsam", „bedenkt alle Umstände".

5. Jemand fragt uns: „Was denken Sie über die Mitbestimmung?" Er will dabei nicht wissen, an welche Fakten wir uns dabei erinnern oder welche mehr oder weniger anschauliche Vorstellungen wir davon haben. Wir sind nach unserer *Meinung*, unseren *Ansichten*, unserer *Einstellung* gefragt.

6. Und noch eine letzte Bedeutung des Begriffs „denken": Stellen wir uns einen hungrigen Schimpansen vor, der außerhalb seines Käfigs eine Banane sieht, die er unbedingt erreichen will. Instinkte stehen ihm hier nicht zur Verfügung. Er besitzt also kein vorprogrammiertes Verhaltensrepertoire, das ihn automatisch das Richtige tun läßt. Nehmen wir auch an, daß niemand dem Affen beigebracht hat, wie der Riegel zu betätigen sei, der die Käfigtür öffnet. Der Schimpanse könnte nun planlos herumprobieren, wie er an die Banane gelangt: Er streckt seinen Arm durch das Gitter — zu kurz. Er rüttelt an den Gitterstäben — sie geben nicht nach. Er läuft wie wild durch den Käfig, hantiert hier und da am Gitter herum, bis er schließlich — rein zufällig — den Riegel öffnet und an die Banane gelangt.

Vielleicht können wir aber auch folgendes beobachten: Nach einigen vergeblichen Versuchen, die Banane zu erreichen, bricht er dieses Tun ab. Er blickt im Käfig umher, dann einige Male zur Banane, er betrachtet einen Stock, mit dem er vorhin gespielt hat. Schließlich ergreift er den Stock, angelt damit die Banane heran und verspeist sie zufrieden.

Denken als Problemlösen

Wenn ein Mensch (oder ein Tier) mit einer neuartigen, nicht ganz einfachen Situation konfrontiert wird, die bewältigt werden muß, wofür ihm aber weder angeborene noch gelernte Verhaltensweisen zur Verfügung stehen, die ihn „automatisch" das Richtige tun lassen, dann sprechen wir von einer „Problemsituation". Wenn dann in der Aktivität des Menschen oder Tieres eine Pause eintritt, nach einer Weile aber genau das getan wird, was zur Bewältigung der Problemsituation führt, kann man das, was in der Pause geschieht, nur als „Denken" bezeichnen. Bei dieser sechsten Art des Denkens handelt es sich um ein „*Nachdenken*", „*Überlegen*", „*Reflektieren*" oder „*Problemlösen*".

Beobachten wir uns einmal selbst in Problemsituationen! Wir können feststellen, daß wir während der Denkpause „in Gedanken" etliche Möglichkeiten des Handelns durchspielen, um schließlich diejenige auszuwählen, die in der gegebenen Situation zum Erfolg führt. Freud charakterisierte Denken sehr plastisch als ein „Probehandeln". Der typische Handlungsaufschub kommt sehr deutlich zum Ausdruck in der Definition, die der amerikanische Psychologe William James für das Denken gab: ein Einschalten von „Zwischengliedern" zwischen Reiz (der Situation) und Reaktion (dem Handeln).

Nachdenken über das Denken

Nun tritt aber die zweite Schwierigkeit auf, der sich der Denkpsychologe gegenübersieht. Wenn er dem Tier, das zwischen Reiz und Reaktion eine Pause einschaltet, unterstellt, es „denke nach", verläßt er den Boden der Erfahrungswissenschaft und begibt sich auf das gefährlich Gleis der Spekulation. Von außen beobachtbar ist das Ergebnis eines vermutlichen Denkprozesses. Der eigentliche Vollzug des Denkens läßt sich nur in der Selbstbeobachtung studieren.

Und das hat gleich die dritte Schwierigkeit im Gefolge: Das eigene Denken denkend zu erfassen, ist sehr schwer. Versuchen Sie es jetzt gleich einmal selbst. Nicht wahr, die Gedanken entgleiten in dem Augenblick, in dem man den Vorsatz faßt, sie zu beobachten. Bestimmt geben Sie William James recht, der dieses Experiment mit dem Versuch verglich, „möglichst schnell das Licht einzuschalten, um zu sehen, wie die Dunkelheit aussieht".

Denken ist ein inneres Geschehen. Es muß nicht einmal durch äußere Reize, zum Beispiel durch die Wahrnehmung einer Situation ausgelöst werden. Auch innere Vorgänge — Emotionen, Motive, Erinnerungen, andere Gedanken — führen zum Denken. Und es muß nicht in jedem Fall zu einer wahrnehmbaren Reaktion, einer Handlung oder einer Mitteilung, kommen.

Die empirische, experimentelle Denkpsychologie umging diese Schwierigkeiten, indem sie sich zunächst auf eine Form des Denkens beschränkte: auf das Problemlösen. Hier war es möglich, objektiv beschreibbare Problemsituationen zu definieren, die zu Auslösern von Denkprozessen werden. Und beobachtbar waren die Reaktionen der Versuchspersonen, ihre Aussagen über ihr Vorgehen beim Problemlösen und schließlich ihr Handeln.

Wie man dabei vorging, soll ein Problem verdeutlichen, das der Denkpsychologe Karl Duncker seinen Versuchspersonen stellte:

- Ein Mensch hat ein Magengeschwür, das man nicht operieren kann. Wie kann man das Geschwür durch Strahlenbehandlung zerstören? Die Schwierigkeit liegt darin, daß die Strahlen von einer bestimmten Intensität an gleichermaßen gesundes wie krankes Gewebe schädigen und daß der Tumor vollständig von gesundem Gewebe umgeben ist, so wie es die Schemazeichnung zeigt.

Abb. 12

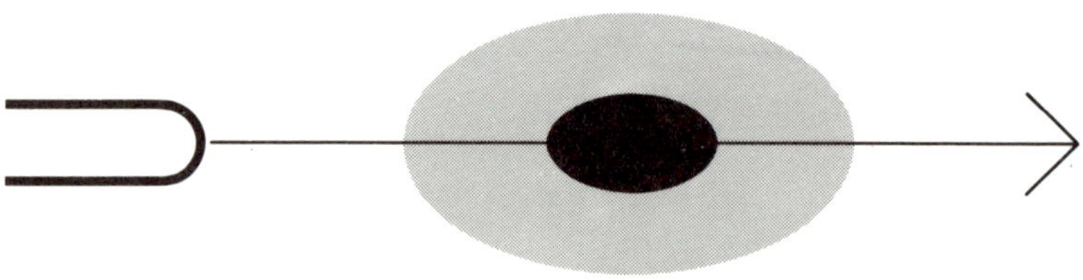

Wenn Sie Lust haben, versuchen Sie doch zunächst einmal diese Aufgabe zu lösen, ohne weiterzulesen. Notieren Sie alle Einfälle, die Ihnen dabei in den Sinn kommen. Machen Sie den Versuch auch mit Ihren Freunden.

Eine von Dunckers Versuchspersonen, die für die Lösung eine halbe Stunde benötigte, äußerte nun der Reihe nach folgende Gedanken:

1. Man könnte die Strahlen durch die Speiseröhre schicken.
2. Man müßte das gesunde Gewebe durch irgendein Medikament unempfindlich gegen die Strahlung machen.
3. Man setzt den Tumor den Strahlen aus, indem man ihn an die Oberfläche bringt.

Der Versuchsperson wurde erklärt, daß diese Lösungen ausgeschlossen seien.
4. Man müßte die Strahlen auf ihrem Weg durch das gesunde Gewebe abschwächen und erst dann voll aufdrehen, wenn das Geschwür erreicht ist.
5. Entweder müssen die Strahlen in den Körper, oder der Tumor muß nach draußen. Vielleicht kann man die Lage des Geschwürs verändern? Aber wie? Durch Druck? Nein.
6. Eine Kanüle einführen.
7. Die Strahlenwirkung unterwegs neutralisieren.
8. Die Strahlenintensität sollte veränderlich sein.
9. Man müßte das gesunde Gewebe durch wiederholte schwache Bestrahlung an die Strahlen gewöhnen.
10. Ich sehe nur zwei Möglichkeiten: Entweder das gesunde Gewebe schützen oder die Strahlen harmlos machen.
11. Irgendwie müßte man die Strahlen ablenken, zerstreuen ... halt! Man schickt ein breit gestreutes schwaches Strahlenbündel so durch eine Linse, daß der Tumor genau im Brennpunkt liegt und so ganz intensive Strahlung abbekommt.

Diese Lösung gilt als richtig. Die beste ist übrigens, mehrere schwache Strahlenbündel aus verschiedenen Richtungen so durch den Körper zu schicken, daß sie sich am Ort des Geschwürs kreuzen und erst dort die gewebezerstörende Intensität erreichen. Sind Sie auf diese Lösung gekommen?

Wie die experimentelle Denkpsychologie derartige Denkprozesse beim Problemlösen analysiert und zu welchen allgemeinen Erkenntnissen über das Denken sie dabei kommt, schildert das Lernprogramm auf den folgenden Seiten.

Versuchen Sie sich zuvor an folgenden Problemen:

Abb. 13

Neun Punkte sind im Quadrat angeordnet. Versuchen Sie, die Punkte mit vier geraden Linien zu verbinden, ohne den Bleistift abzusetzen!

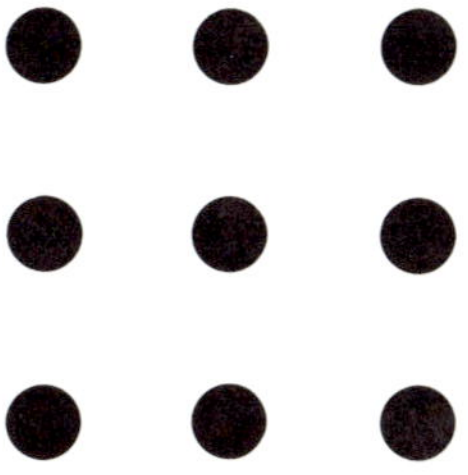

Abb. 14

Ordnen Sie sechs Streichhölzer so an, daß sie vier gleichseitige Dreiecke (Seitenlänge gleich Streichholzlänge) bilden!

Abb. 15

Und ein schwieriger Kriminalfall: 30 Kilometer westlich von Kairo steht mitten in der Sandwüste ein halbkugelförmiger Betonbunker. Vor dem Bunker steht ein unbeladener Lkw. Die Tür des Bunkers ist verschlossen; der Schlüssel steckt von innen. An einem Seil hängt von einem Haken in der Mitte des Bunkers herab ein Toter, etwa ein Meter über dem Boden. War es Mord oder Selbstmord? Wie trug sich die Sache zu?

Die Aufklärung bringt Lernprogramm 3.

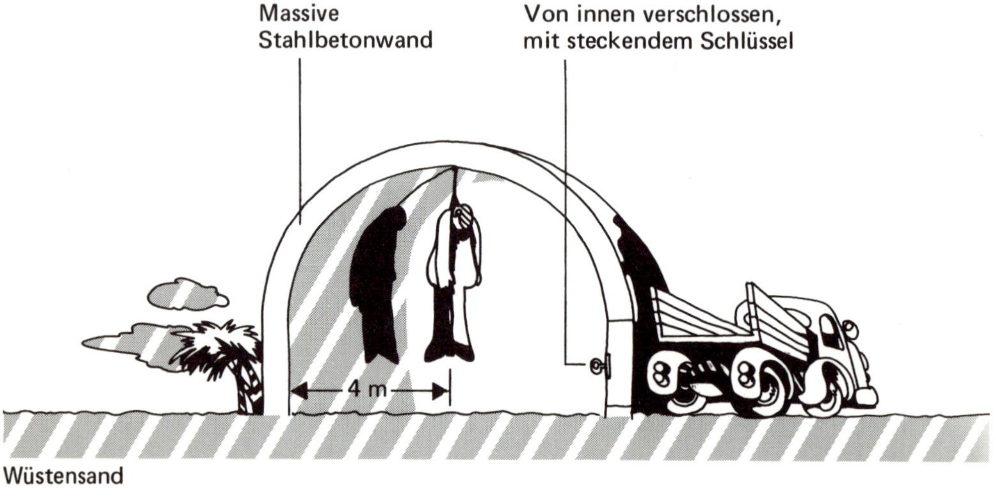

Lernprogramm 3

Die Kunst, Probleme zu lösen

1 Bitte sehen Sie sich die elf Schritte, die Dunckers Versuchsperson auf dem Weg zur Lösung des Bestrahlungsproblems zurücklegte, noch einmal an. Wenn Sie sich schon mit den drei anderen Problemen befaßt haben, überdenken Sie auch bei diesen Aufgaben Ihren eigenen Lösungsweg.

Überlegen Sie nun: Welches allgemeine Prinzip ist Ihrer Meinung nach beim problemlösenden Denken am Werk?

☐ A Ein instinktives Erahnen der richtigen Lösung.

☐ B Die Anwendung von Erfahrungen mit gleichen oder ähnlichen Problemsituationen.

☐ C Das Prinzip von Versuch und Irrtum: Man probiert alle möglichen Lösungen durch, bis schließlich die richtige übrigbleibt.

Wenn Sie A angekreuzt haben:
Würden wir uns in Problemsituationen „instinktiv" richtig verhalten, dann bedeutete dies, daß wir ein angeborenes Repertoire von genau an die jeweilige Situation angepaßten Verhaltensmustern zur Verfügung hätten. Wir würden kaum Zeit aufs Nachdenken verwenden.
Ist Ihnen etwa zu allen Problemen sofort die richtige Lösung eingefallen? Wenn nicht, wählen Sie in Schritt 1 eine andere Antwort.

Wenn Sie B angekreuzt haben:
Die Anwendung von Erfahrungen kann sehr nützlich sein, wenn es darum geht, ein Problem zu lösen. Erfahrungen versagen aber, wenn sie gewohnheitsmäßig und automatisch auf eine neue Problemsituation angewandt werden.
Sicherlich kann eine Problemsituation, die in einzelnen Elementen bekannt ist, eventuell schneller gelöst werden. Genausogut kann die teilweise Bekanntheit eines Problems die Lösung aber auch hemmen.
Bitte wählen Sie in Schritt 1 eine andere Antwort.

Wenn Sie C angekreuzt haben:
Sie haben nicht unrecht. Lesen Sie bei Schritt 2 weiter.

2 Wenn Sie den Gedankengang bei der Lösung der Bestrahlungsaufgabe betrachten, wird deutlich, daß bei derartigen Problemen die Lösung nie auf einen Schlag erfolgt. Man produziert eine Reihe von Einfällen und Lösungsvorschlägen, gerät dabei aber immer wieder in die falsche Richtung, wenn man die Lösungsansätze nicht kritisch überprüft.

Löst die Dunckersche Versuchsperson das gestellte Problem allein nach dem Prinzip von Versuch und Irrtum?

☐ A Ja, denn die Wahrscheinlichkeit, die richtige Lösung zufällig zu finden, steigt mit der Quantität der produzierten Einfälle.

☐ B Nein, denn die Wahrscheinlichkeit, daß man beim Problemlösen die richtige Lösung findet, hängt nicht von der Zahl der Lösungsversuche ab, sondern von ihrer Qualität.

Wenn Sie A angekreuzt haben:
Ihre Antwort ist nicht richtig. Man kann zum Beispiel bei der Streichholz-Aufgabe noch so viele Möglichkeiten — ob in Gedanken oder handelnd, spielt hier keine Rolle — ausprobieren. Wer nicht den richtigen Einfall hat, wird kaum auf die Lösung kommen.

Wenn Sie B angekreuzt haben:
Sie haben recht: Nicht die Anzahl der Lösungsvorschläge, sondern ihre *Qualität* bestimmt schließlich den Erfolg beim Problemlösen. Probleme werden also nicht nach dem reinen Versuchs-und-Irrtums-Schema gelöst.

3 Die Denkpsychologen haben an einer Fülle von Problemen gezeigt, daß jeder einzelne Lösungsversuch einen wichtigen Effekt hat:

Er verändert die Problemsituation so, daß man jedesmal das Problem unter einem neuen Gesichtswinkel betrachtet. Dies verändert wiederum die Problemstruktur, und es entstehen neue Bedingungen für das Auftreten neuer Lösungsvorschläge.

Was ist das Typische an der besonderen Art des Probierens, wie es beim Problemlösen auftritt?

☐ A Die Problemstruktur steuert das Probieren.

☐ B Das Probieren wandelt allmählich die Problemstruktur um.

A und B sind richtig.
Gerade diese wechselseitige Beeinflussung von Problemstruktur und Lösungsversuchen ist typisch für unsere Denkprozesse beim Problemlösen.

A ist richtig,
wie wir noch verdeutlichen werden.

4 Aber mit dieser Erkenntnis ist noch nicht viel über die Gesetzmäßigkeiten des Denkens beim Lösen von Problemen gesagt. Karl Duncker hat gezeigt, daß der Lösungsvorgang mehrere voneinander verschiedene Stadien durchläuft, die er „Erkennen des Funktionalwertes“, „Materialanalyse“, „Konfliktanalyse“ und „Zielanalyse“ genannt hat. Diese Phasen sollen in den nächsten Schritten geschildert werden.

Zunächst aber eine Frage: Welche der folgenden Behauptungen ist Ihrer Meinung nach richtig?

☐ A Derartige Phasen beim Problemlösen beschreiben nicht nur, wie unsere Denkprozesse beim Problemlösen ablaufen; sie sind auch ein Denkmodell, nach dem man Probleme gezielt und systematisch lösen kann.

☐ B Derartige Phasen können nicht als Denkhilfe beim Problemlösen angeboten werden, denn jeder löst seine Probleme auf seine eigene Art.

☐ C Ein Denkmodell wie das Dunckersche kann nur für so konstruierte Probleme wie das mit dem Magengeschwür verwendet werden. Probleme des Alltags sind mit einem derartigen Modell nicht zu lösen.

B ist richtig:
Hier steckt der Kern des Problems. Die ursprüngliche, etwas vage Fragestellung „Wie trug sich die Sache zu?“ vermag noch nicht, unsere Gedanken auf die richtige Spur zu setzen.

5 Die erste Phase: Der *Funktionalwert* des Problems wird erkannt.
Mit „Funktionalwert“ ist das allgemeine Prinzip gemeint, das sich hinter der Aufgabenstellung verbirgt. Die ersten Lösungsvorschläge dienen dazu, die Aufgabe so umzuformen, daß sich das Problem in seinen Einzelheiten präzisiert und sich die eigentlichen Schwierigkeiten herausheben. Man stellt sich die Frage: „Was soll eigentlich erreicht werden?“

Der Funktionalwert bei der Bestrahlungsaufgabe wird dann mit der Frage verdeutlicht: „Wie kann ich das kranke Gewebe zerstören, ohne das gesunde zu beschädigen?“

Lesen Sie die Bunker-Aufgabe (Seite 38) noch einmal, und überlegen Sie: Welche Frage kennzeichnet den Funktionalwert dieses Problems am deutlichsten?

☐ A „Welche Aufgabe hatte der Lastwagen zu erfüllen?“

☐ B „Wie ist es gelungen, die Distanz von 4 Metern vom Boden bis zum Haken an der Decke zu überbrücken?“

☐ C „Wie konnte der Mörder den Bunker verlassen und dabei die Tür von innen verschließen?“

6 Bis es zu dieser Umformung der Aufgabe kommt, vergeht oft viel Zeit. Man gerät auf Abwege, möchte sogar aufgeben. Die große Gefahr liegt darin, daß man sich in Sackgassen verrennt, aus denen man schwer herauskommt.

Diese falschen Denkansätze, die meistens auf frühere Erfahrungen mit nur scheinbar ähnlichen Problemsituationen beruhen, bezeichnet die Denkpsychologie als „Fixierungen".

Man könnte zum Beispiel beim Bunkerproblem auf die Lösung „Mord" fixiert sein. Die Gedanken kreisen dann fortwährend um das Problem, wie der Mörder aus dem Bunker herauskam. Man wird „blind" für den eigentlichen Funktionalwert des Problems.

Beim Bestrahlungsproblem zeigte Dunckers Versuchsperson eine typische Fixierung, die durch Wissen über das übliche Vorgehen bei einem Geschwür beeinflußt war, in den Lösungsvorschlägen 3 und 5.

An welche Idee war hier die Versuchsperson fixiert?

....

Welche Fixierung lag in den Antworten 1 und 6 vor?

....

Sie dachte an eine *Operation* (das Geschwür an die Oberfläche bringen) oder an einen Zugang über eine Art von *Sonde* (Speiseröhre, Kanüle).

7 Wenn der Funktionalwert erkannt ist, kann der eigentliche Lösungsprozeß beginnen: Die Problemsituation wird genauer unter die Lupe genommen.

Phase 2 ist die *Materialanalyse*. In ihr wird gefragt, welche Mittel und Fakten in der Problemsituation überhaupt gegeben sind und welche davon für die Lösung brauchbar sind.

Führen Sie eine Materialanalyse am Beispiel des Bunkerproblems durch. Denken Sie dabei an den Funktionalwert der Aufgabe. Zählen Sie dazu bitte die einzelnen Punkte der Aufgabenstellung auf:

....

....

....

Ihre komplette Liste müßte folgende Fakten enthalten: *Leerer Lkw, Seil, Haken, Bunker, Wüste* (und damit *Sand* und *Hitze*), *4 Meter Höhe, etwa 1,70 Meter Körpergröße.*
Vielleicht haben Sie auch schon folgenden Fakt berücksichtigt: *Selbstmord*, denn die Tür ist von innen verriegelt.

Das Ergebnis Ihrer Konfliktanalyse müßte sinngemäß lauten:
Von dem vorhandenen Material ist nichts zur Überbrückung der Distanz geeignet.

8 Aus dem Erkennen des Funktionalwertes und der Materialanalyse folgt — fast automatisch — die Phase 3: Die *Konfliktanalyse.* Was ist es eigentlich, das das Erreichen des Zieles — zumindest für den Augenblick — verhindert?

Der Konflikt beim Bestrahlungsproblem besteht darin, daß erst bei einer bestimmten Intensität die Strahlen die Geschwulst zerstören können, daß sie aber auf dem Weg dorthin durch gesundes Gewebe müssen. Es wird also gesundes Gewebe zerstört, was vermieden werden soll.

Wie würde Ihre Konfliktanalyse zum Bunkerproblem lauten? (Wenn Sie den Funktionalwert der Aufgabe bedenken, läßt sie sich in einem kurzen Satz ausdrücken.)

....

....

....

Die Lösung des Bunkerproblems: *Eis!*

9 Eine aussichtslose Situation? Nur scheinbar, denn in Phase 4 klärt sich das Problem:
Es folgt die *Zielanalyse*, die nun den Funktionalwert mit den Ergebnissen der Material- und der Konfliktanalyse verbindet: Was ist gesucht, gefordert und was nicht?

Zunächst wieder am Beispiel der Bestrahlung: Diese Analyse erfolgt in den Antworten 8 und 11 und führt sofort zum Ziel. Die Strahlenintensität ist ja variierbar! Es wird also eine Methode gesucht, die Strahlen auf dem Weg durch das gesunde Gewebe schwach zu machen, am Ort der Geschwulst aber wieder stark.

Und wie sieht die Zielanalyse beim Bunkerproblem aus?

Zunächst wird nochmals der Funktionalwert präzisiert: Gesucht ist ein Material, das zur Überbrückung der Distanz diente, aber jetzt nicht mehr vorhanden ist.

Dann folgt nochmals eine gezielte Material- und Problemanalyse:

Der Lkw diente zum Transport.

Wie konnte das Material verschwinden?

Die Hitze ließ es vielleicht vergehen. Der Wüstensand hat es vielleicht aufgesogen . . .

Nun, haben Sie die Lösung? Es war ....

10 Lassen Sie uns nun noch einmal anhand der Fragen den allgemeinen Gedankengang beim Problemlösen rekonstruieren:

Phase 1:
„Was soll eigentlich erreicht werden? Was ist das Prinzip der Aufgabe?" Der .... des Problems wird erkannt.

Phase 2:
„Welches Material ist gegeben? Was ist für eine Lösung brauchbar?" Die ....

Phase 3:
„Was verhindert das Erreichen des Ziels, das Finden der Lösung?" Die ....

Phase 4:
„Was ist gesucht, gefordert? Und was nicht?"
Die ....

Die vier Phasen Dunckers beim Problemlösen:
1. Erkennen des *Funktionalwertes;*
2. *Materialanalyse;*
3. *Konfliktanalyse;*
4. *Zielanalyse.*

A ist richtig:
Bühler nannte das befriedigende Erlebnis bei plötzlicher Einsicht in den Problemzusammenhang *Aha-Erlebnis.*

11 Sie haben es bestimmt an sich selbst beobachtet: Während der Phase der Zielanalyse treten plötzlich ganz neue Aspekte der Problemsituation hervor, für die man bisher blind war.

Der Schimpanse erkennt, daß man mit einem Stock nicht nur spielen, sondern auch nach Futter angeln kann.

Das Streichholzproblem löst sich fast von selbst, wenn man erkannt hat, daß man die Tischfläche verlassen muß und die Streichhölzer nur in einem räumlichen Gebilde anzuordnen braucht (Abb. 16).

Die Aufgabe mit den neun Punkten klärt sich, wenn man erkennt, daß gar nicht gefordert ist, mit den Linien innerhalb des vorgegebenen Quadrats zu bleiben (Abb. 17).

Abb. 16

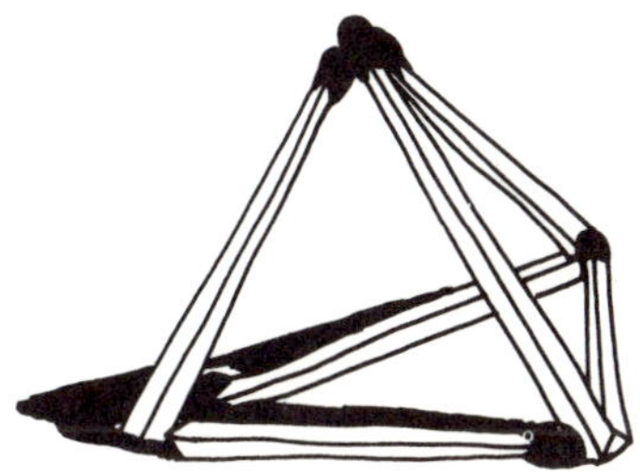

Abb. 17

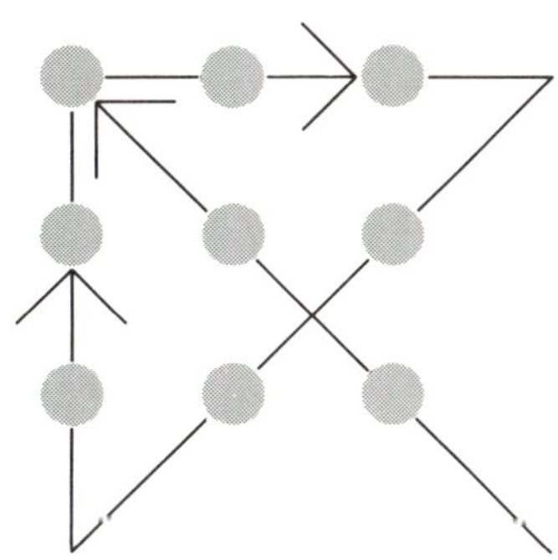

Diese erfolgreiche Umstrukturierung der Elemente der Problemsituation, die zu einer plötzlichen Einsicht in das Problem, zu einem unmittelbaren Verstehen führt, erleben wir meist sehr eindrucksvoll, oft sogar lustbetont.

Karl Bühler, der sehr wichtige Beiträge zur Denkpsychologie leistete, hat dafür einen sehr plastischen Begriff geprägt, den Sie sicher kennen:

- ☐ A Aha-Erlebnis
- ☐ B Problembewußtsein
- ☐ C Plötzlicher Einfall
- ☐ D Einsicht

12 Mit der Erforschung des Problemlöse-Verhaltens hat die experimentelle Denkpsychologie in der ersten Hälfte des 20. Jahrhunderts viel dazu beigetragen, Licht in das „Dunkel“ unserer Gedanken zu bringen. Und sie hat sinnvolle Ansätze für eine gezielte Denk- und Intelligenzschulung gezeigt.

Aber die Erforschung des problemlösenden Denkens hat ihre Grenzen. Den Versuchen haftet eine gewisse Künstlichkeit an, so daß bestimmt nicht alle Phänomene des Denkens auf diese Weise aufgeklärt werden können. Überlegen Sie: Im Experiment wissen die Versuchspersonen, daß ein Problem existiert und daß es dafür eine Lösung gibt. In der Praxis, in Forschung und Wirtschaft, ist es aber oft wichtiger und schwieriger, die Probleme überhaupt erst einmal zu entdecken, die gelöst werden müssen.

Diese Fähigkeit, Probleme zu sehen und gute Fragen zu stellen, ist nicht immer identisch mit der Fähigkeit, Probleme zu lösen, — der Intelligente ist nicht immer auch kreativ.

Lernpsychologie

Jeder von uns meint genau zu wissen, was er tut, wenn er lernt. Als Kleinkind haben wir gehen und sprechen gelernt, später in der Schule lesen, schreiben und rechnen oder die Hauptstädte Südamerikas; wir haben englische Vokabeln gepaukt, Gedichte auswendig gelernt; manche haben Klavierspielen oder Skifahren gelernt; wir erlernen einen Beruf — und wissen heute, daß wir im Laufe unseres Berufslebens fünf- oder zehnmal völlig umlernen müssen; wir haben gelernt, wie man „sich benimmt", gelernt, auf andere Rücksicht zu nehmen.

Was ist Lernen?

Wenn wir von „Lernen" sprechen, dann meinen wir im allgemeinen damit, daß wir uns etwas „aneignen", damit wir es später „können". Genauer: Wir erwerben bestimmte Fertigkeiten und Kenntnisse mit der bewußten Absicht, das Angeeignete verfügbar zu haben. Dabei macht uns das Aneignen meist auch noch einige Mühe.

Die Lernpsychologie als Teilgebiet der Allgemeinen Psychologie faßt den Begriff des Lernens wesentlich weiter als die Umgangssprache. Es gibt zwar noch keine allgemeinverbindliche Definition, die meisten Psychologen haben sich aber auf die folgende geeinigt:

- *Lernen ist eine Veränderung in der Wahrscheinlichkeit, mit der Verhaltensweisen in bestimmten Situationen auftreten.*

Zur Verdeutlichung: Ein Organismus — Mensch oder Tier — zeigt in einer Situation plötzlich häufiger ein bestimmtes Verhalten, das er in der gleichen Situation früher gar nicht oder seltener zeigte.

Sie wissen aus Lernprogramm 1, daß die Psychologie „Verhalten" sehr weit definiert. Bei dem Verhalten, das sich ändert, kann es sich auch — wie beim Auswendiglernen oder beim Einarbeiten in ein Wissensgebiet — um verbales Verhalten oder um geistige Tätigkeiten, zum Beispiel Denken, handeln.

Das Ergebnis von Lernen ist also zunächst einmal eine Verhaltensänderung. So eine Verhaltensänderung braucht weder bewußt stattzufinden, noch muß eine bestimmte Absicht damit verfolgt werden. Und Mühe machen muß sie auch nicht.

Natürlich ist nicht jede Verhaltensänderung auf Lernen zurückzuführen. Zum Beispiel können auch bestimmte Vorgänge im Organismus, Verletzung, Ermüdung, Krankheit oder die Wirkung von Drogen, zu Verhaltensänderungen führen.

Die Formen des Lernens

Die Psychologie ist eine empirische Wissenschaft. Sie befaßt sich nur mit Gegenständen, die der Beobachtung — der äußeren oder der inneren — zugänglich sind. Kann man Lernen aber direkt beobachten? Überlegen Sie selbst die Antwort, und stellen Sie sich dabei vor, wie und was Sie selbst alles gelernt haben. Und bedenken Sie: Gleich, ob Ihre Antwort Ja oder Nein ist, sie muß für alle Situationen gültig sein, bei denen Lernen eine Rolle spielt. Also: *Kann man Lernen direkt beobachten?*

Ein kleines Kind, vom faszinierenden Licht der Kerze angezogen, greift in die Flamme und verbrennt sich. Es wird Kerzen in Zukunft meiden. Es hat etwas gelernt. Man kann beobachten, wie das Kind nun vorsichtiger mit Kerzen umgeht. Und man konnte vielleicht auch sehen, wie sich der „Unfall" abspielte. Das eigentliche Lernen, der Prozeß, der sich im Kind abspielte und der zu einem veränderten Verhalten gegenüber Kerzen führte, war nicht direkt beobachtbar. Man sieht das Ergebnis, eine Änderung im Verhalten, und schließt daraus: Es wurde gelernt.

Sehr vieles kann unter „Lernen" verstanden werden. Die Lernpsychologie versucht, Ordnung in das große Gebiet des Lernens zu bringen. Lernen bezieht sich auf sehr unterschiedliche Arten von „Verhaltensänderungen". So kann man unterscheiden:

1. Lernen als *Veränderung der Wissensstruktur:*
○ Wissen um bestimmte Fakten. („3 + 4 = 7" oder „Die Hauptstadt von Chile ist Santiago.")
○ Kenntnis allgemeiner Prinzipien und Begriffe. („Potenzen mit gleicher Basis werden multipliziert, indem man die Basis mit der Summe der Exponenten potenziert." — „Aggression ist eine Folge von Frustration.")
○ Beherrschen von Techniken des geistigen Arbeitens. (Lernen lernen; Übung im Gebrauch von Ordnungs- und Lösungsmethoden erwerben.)
2. Lernen als *Veränderung der Motivation.* (Neigungen, Abneigungen, Geschmack, Einstellungen.)
3. Lernen als *Veränderung der Gruppenzugehörigkeit und der Gedankenwelt.* (Zum Beispiel die Sozialisation: Ein Kind wächst in unsere Kultur hinein.)
4. Lernen als *Erwerb bestimmter Verhaltens- und Handlungsformen.* (Zum Beispiel: Vermeiden von brennenden Kerzen; Befolgen von Verkehrsregeln, Höflichkeit, Aggressivität, Neurosen.)
5. Lernen als *Erwerb der willensmäßigen Kontrolle über die Körpermuskulatur.* (Gehen, Schreiben, Skifahren, eine Maschine bedienen.)

Mit den Punkten dieser Einteilung sind jeweils Ziele beschrieben, zu denen Lernprozesse hinführen können. Wichtiger für die lernpsychologische Forschung sind jedoch die Tätigkeiten, Methoden und Prozesse, die dem Lernen zugrunde liegen und zu diesen Lernzielen führen.

Auch hier hat man versucht, nach den Funktionen zu unterscheiden, die zu einzelnen Lernzielen führen:

1. *Lernen durch Konditionierung.*
(Hierzu wird Lernprogramm 4 einiges sagen.)
2. *Lernen durch Versuch und Irrtum.*
(Man probiert, unterläßt Erfolgloses und behält erfolgreiches Verhalten bei.)
3. *Operatives Lernen.*
(Man lernt etwas, indem man es tut.)
4. *Rezeptives („aufnehmendes") Lernen.*
(Man lernt durch Zuschauen, Zuhören, Lesen, ohne daß man dabei etwas Sichtbares tut.)
5. *Lernen durch Nachahmen.*
6. *Lernen durch Einsicht.*
(Man spielt in Gedanken ein Verhalten — zum Beispiel bestimmte Lösungsmöglichkeiten — durch, bis man die Lösung des Problems gefunden hat.)

Die psychologischen Lerntheorien

Die Überlegungen, auf welche Grundprozesse Lernvorgänge zurückgeführt werden können, trugen zum Entstehen verschiedener Lerntheorien bei. Die Vertreter der einzelnen Lerntheorien haben jeweils Grundkonzepte entwickelt, mit denen sie glauben, alle Lernvorgänge erklären zu können. Keine Theorie kann jedoch für sich allein alle Phänomene des Lernens ausreichend erklären.

Die wichtigsten Lerntheorien lassen sich in den folgenden vier Gruppen zusammenfassen:

1. *Die Assoziationstheorien.*
(Sie erklären Lernen als eine Verknüpfung — „Assoziation" — von Vorstellungen und Bewußtseinsinhalten.)
2. *Die Reiz-Reaktionstheorien.*
(Ihre Vertreter, zum Beispiel Pawlow und die Behavioristen, erklären Lernen als Verbindung von Reizen und Reaktionen.)
3. *Die kognitiven Lerntheorien.*
(Die Gestalttheorie zum Beispiel betrachtet Lernen als eine Änderung in der Struktur des vorhandenen Wissensbestandes, etwa durch Einsicht.)
4. *Die kybernetischen Lerntheorien.*
(Sie versuchen, Lernprozesse mit Hilfe mathematischer und informationstheoretischer Methoden zu erfassen.)

Die Anwendung der Lernpsychologie

Die Suche nach den Lernprozessen, die Frage, was Lernen wirklich ist, ist für die Psychologie nicht Selbstzweck.

Die Lernpsychologie gibt zum Beispiel der *Pädagogischen Psychologie* das theoretische Fundament ihres Handelns und hilft so bei der Erklärung und Steuerung vieler Prozesse, die in der Erziehung und in der Ausbildung in Schule und Berufsleben eine wichtige Rolle spielen.

Kaum weniger wichtig ist sie in den letzten Jahren aber auch für die *Klinische Psychologie* geworden: Die Verhaltenstherapie führt die Entstehung von Neurosen und anderen Verhaltensstörungen auf Lernprozesse zurück, und der Verhaltenstherapeut behandelt sie, indem er sie den Patienten „verlernen" oder ihn neue, richtige Verhaltensweisen lernen läßt.

Aber auch für jeden einzelnen von uns ist es wichtig, die Lernprozesse zu kennen:

Wer die Mechanismen des Lernens kennt, wird schneller und sicherer Lernziele erreichen können. Und das Thema von Lernprogramm 4 auf den nächsten Seiten macht eines klar: Es ist nicht immer der Lernende, der eine Lernabsicht verfolgt, also etwas lernen will. So wie der experimentierende Behaviorist ein Tier „konditioniert", es lernen läßt, ohne daß es sich dagegen wehren kann, genauso kann auch unser Verhalten geändert werden, kann man uns lernen lassen, ohne daß wir lernen wollen — und oft, ohne daß wir es wissen.

Die Kenntnis der Prinzipien des Lernens jedoch kann uns dagegen schützen, Manipulationen anderer zum Opfer zu fallen, vor allem, wenn wir die „Lernziele" nicht kennen. Nehmen Sie das folgende Lernprogramm als Beispiel: Ein Lernprozeß ist vorprogrammiert, und wenn wir Ihnen nicht sagen würden, zu welchem Verhalten dieses Lernen führt, könnten Sie durchaus manipuliert werden. Deshalb geben wir Ihnen hier das Lernziel vor: Sie sollen „Konditionieren" als eine Möglichkeit, Verhaltensänderungen herbeizuführen, kennenlernen. Wenn Sie dieses Ziel erreichen wollen, werden Sie das Lernprogramm sicher lesen.

Lernprogramm 4

Die zwei Arten des Konditionierens

1 Haben Sie schon einmal den Begriff „bedingter Reflex“ gehört? Vielleicht ist er Ihnen sogar in den Sinn gekommen, als Sie in der Überschrift des Lernprogramms das Wort Konditionieren gelesen haben.

Klären wir zunächst einmal, was in der Lernpsychologie unter „Reflex“ verstanden wird. Hier hat dieser Begriff eine genau festgelegte Bedeutung. Sie kennen sie nicht? Raten Sie einfach, und kreuzen Sie an:

☐ A Ein Reflex ist eine einfache Form der Reaktion.

☐ B Ein Reflex ist ein Reiz, der eine bestimmte Reaktion auslöst.

☐ C Ein Reflex besteht aus einer Reaktion und dem Reiz, der sie auslöst.

Wenn Sie A angekreuzt haben:
Reflex und Reaktion sind nicht dasselbe. Ein Reflex besteht aus zwei Teilen: einem Reiz *und* der Reaktion, die immer auf ihn folgt.
Lesen Sie bei Schritt 2 weiter.

Wenn Sie B angekreuzt haben:
Zu einem Reflex gehört mehr als nur ein Reiz. Er besteht aus zwei Teilen: einem Reiz *und* der Reaktion, die immer auf ihn folgt.
Lesen Sie bei Schritt 2 weiter.

Wenn Sie C angekreuzt haben:
Sie haben recht. Zu einem Reflex gehört ein Reiz und die Reaktion, die immer auf ihn folgt.
Gehen Sie zu Schritt 2.

2 Ein Reflex besteht aus einem Reiz *und* der auf ihn folgenden Reaktion.
Ein Beispiel: Eine Mücke fliegt Ihnen ins Auge. Sie zwinkern.

Die Berührung des Auges ist der/die ....
Ihr Lidschlag ist der/die ....
Den gesamten Vorgang nennt man ....

Die Berührung ist der *Reiz*.
Ihr Lidschlag ist die *Reaktion*.
Die Abfolge von Reiz und Reaktion ist der *Reflex*.

3 Wenn Sie einem Hund ein Stück Fleisch zeigen (es ihm aber nicht geben), dann passiert etwas ganz Natürliches: Die Verdauungsorgane des Tieres bereiten sich auf den Genuß des Happens vor, seine Drüsen sondern Speichel ab. Das Fleisch reizt den Hund also zu einer ganz bestimmten Reaktion: zur Speichelabsonderung.

Abb. 18

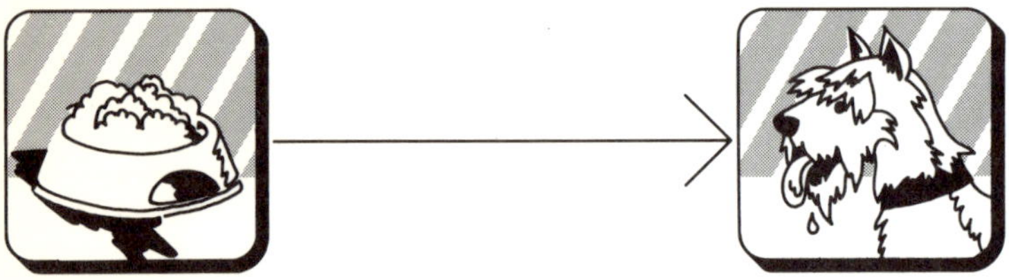

Und weil diese Folge von Reiz und Reaktion nicht gelernt zu werden braucht, sondern angeboren und natürlich ist, bezeichnet man einen solchen Vorgang als .... (bedingten/unbedingten) ....

Eine angeborene, natürliche Folge von Reiz und Reaktion wird als *unbedingter Reflex* bezeichnet (denn die Reaktion erfolgt auf diesen Reiz ja unbedingt, in jedem Fall).

4 Analog dazu werden die Bestandteile eines unbedingten Reflexes „unbedingter" Reiz (Futter) und „unbedingte" Reaktion (Speichelfluß) genannt.

Wenn wir nun unserem Hund — lassen Sie uns ruhig einmal so etwas Absurdes tun — auf einem Glockenspiel etwas vorspielen, dann wird er vielleicht die Ohren spitzen. Seine Speicheldrüsen werden jedoch nicht reagieren.

Abb. 19

In Bezug auf Speichelabsonderung ist ein Glockenton für den Hund . . .

☐ A ein unbedingter Reiz.
☐ B ein bedingter Reiz.
☐ C ein neutraler Reiz.

C ist richtig:
Der Gockenton ist ein *neutraler* Reiz; denn er ist nicht Bestandteil eines unbedingten Reflexes.

Der Hund sonderte ebenfalls Speichel ab.

5 Der russische Physiologe und Nobelpreisträger Iwan Petrowitsch Pawlow ließ — es war kurz nach der Jahrhundertwende — jedesmal, wenn er einem Hund ein Stück Fleisch vor die Nase hielt, einen Glockenton erklingen.

Abb. 20

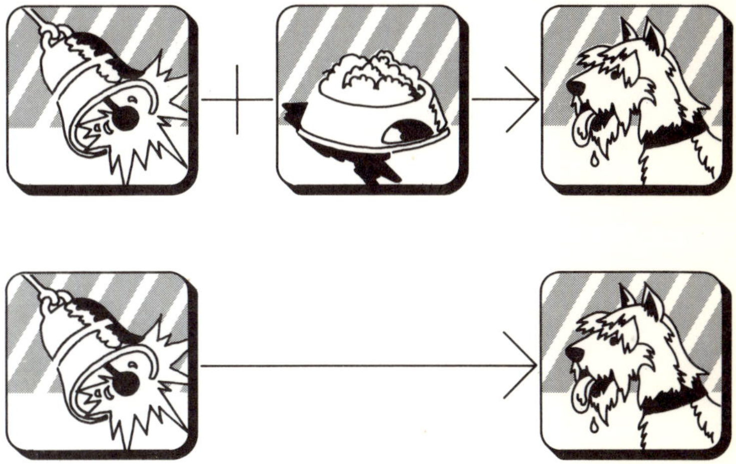

Können Sie sich vorstellen, was geschah, als Pawlow nach einiger Zeit nur die Glocke tönen ließ, aber kein Fleisch zeigte?

....

....

Ein vormals neutraler Reiz wurde zum *bedingten* Reiz.

6 Weil nun der Hund auch auf den Glockenton mit Speichelabsonderung reagierte, war dieser ursprünglich neutrale Reiz Bestandteil eines Reflexes geworden. Allerdings nicht als unbedingter Reiz — wie das Fleisch —, sondern als .... Reiz.

7 Wenn Pawlows Hund allein auf einen Glockenton hin Speichel absonderte, weil ihm etliche Male vorher beim Glockenklang Fleisch gezeigt wurde, dann ist der Speichelfluß nun eine bedingte Reaktion.

Abb. 21

1. Neutraler Reiz → keine Reaktion.

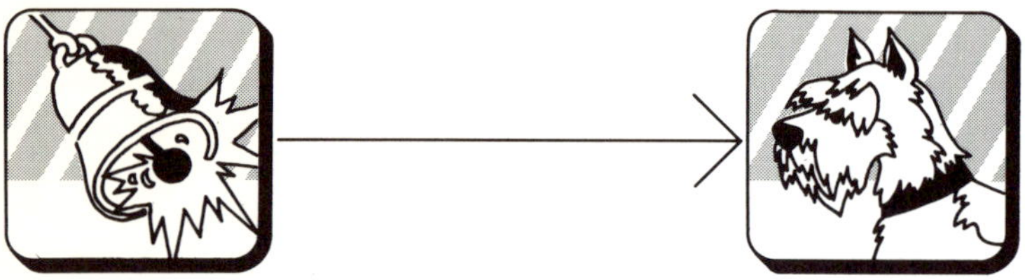

2. Unbedingter Reiz → unbedingte Reaktion.

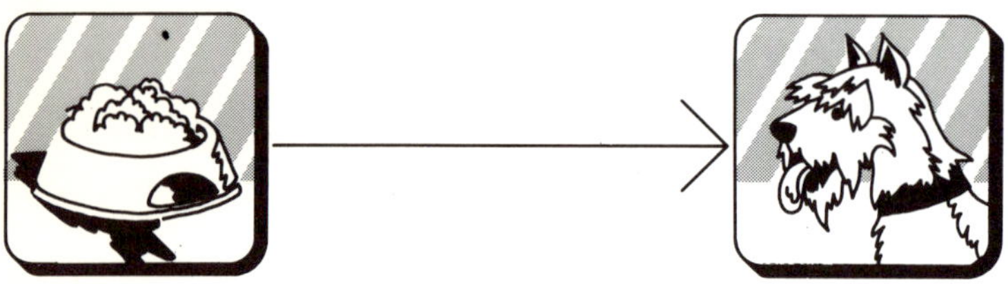

3. Koppelung von unbedingtem und neutralem Reiz

4. Bedingter Reiz → bedingte Reaktion

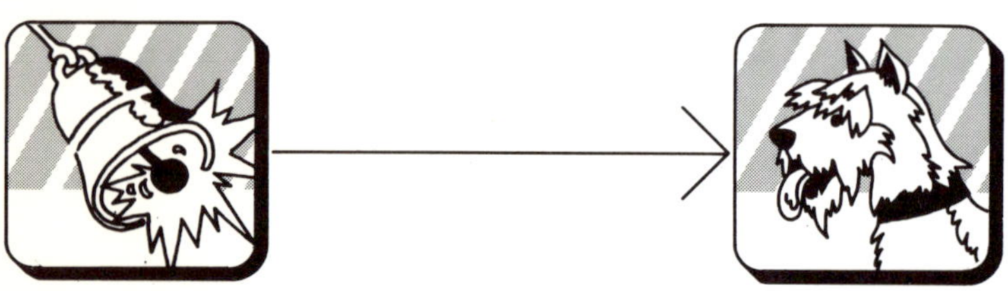

Ein unbedingter Reiz kann also mit einem neutralen Reiz gekoppelt werden, der so zum bedingten Reiz wird.

Reagiert ein Organismus auf den bedingten Reiz in gleicher Weise wie auf den unbedingten, dann zeigt er eine .... Reaktion.

Der Organismus zeigt eine *bedingte* Reaktion.

1. *bedingten Reflex.*

2. *Konditionieren (Konditionierung).*

8 Etwas verwirrt? Nun, die Begriffsvielfalt wird sich gleich klären. Zur Abrundung nur noch zwei Vokabeln:

1. Die Abfolge von bedingtem Reiz und bedingter Reaktion nennt man (ganz einfach) ....

....

2. Und weil die Ergebnisse Pawlows von den amerikanischen Behavioristen mit Begeisterung aufgenommen wurden und „Bedingung“ auf englisch „condition“ heißt, nennt man das ganze experimentelle Verfahren und Lernvorgänge, die nach diesem Modell ablaufen,

....

9 Am besten wiederholen Sie das, was Sie jetzt über Konditionieren gelernt haben, an einem Beispiel. Wenn man hinter dem Rücken eines Menschen einen Knallkörper hochgehen läßt, zeigt der Mensch ganz erhebliche Schreck- und Angstreaktionen. Diesen natürlichen Reflex nutzte der Begründer des Behaviorismus, der Amerikaner John B. Watson, in den zwanziger Jahren für ein recht grausames und ethisch fragwürdiges Experiment.

Das elf Monate alte Waisenkind Albert spielte gern mit weißen Ratten. Nun ließ Watson einige Male, immer wenn Albert sich einer Ratte nähern wollte, hinter dessen Rücken einen lauten Gong erschallen. Albert schrie natürlich und versuchte wegzukrabbeln. Nach etlichen Wiederholungen genügte der Anblick einer Ratte allein, ja jedes Pelztieres, um bei Albert die schlimmsten Angstreaktionen zu bewirken.

Lesen Sie bei Schritt 10 weiter.

10 Vergegenwärtigen Sie sich nun das Experiment, und versuchen Sie, die Begriffe *bedingter Reiz — unbedingter Reiz — neutraler Reiz — bedingte Reaktion — unbedingte Reaktion* den einzelnen Elementen des Versuches zuzuordnen:

1. Weiße Ratte vor dem Experiment:

....

2. Gongschlag:

....

3. Angstreaktion bei Gongschlag:

....

4. Weiße Ratte nach dem Experiment:

....

5. Angstreaktion beim Anblick weißer Ratten:

....

Abb. 22

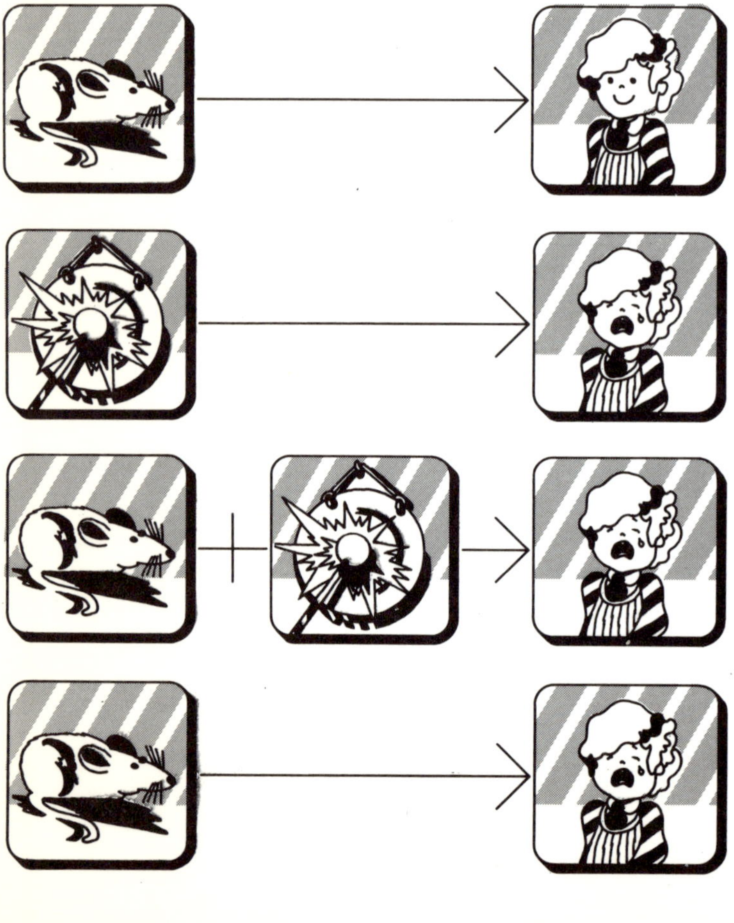

1. *Neutraler Reiz*
2. *Unbedingter Reiz*
3. *Unbedingte Reaktion*
4. *Bedingter Reiz*
5. *Bedingte Reaktion*

11 Zum Trost: Bedingte Reflexe verlöschen allmählich, wenn die Koppelung von unbedingtem und bedingtem Reiz nicht von Zeit zu Zeit wiederholt wird. Auch der kleine Albert hat sich bald wieder von seiner Angstneurose (für Spezialisten: „Rattenphobie") erholt.

Gehen Sie zu Schritt 12.

B ist richtig:
Klassisches Konditionieren setzt immer die Existenz von unbedingten Reflexen voraus.

12 Lernprozesse, die sich nach dem Modell des Pawlowschen — oder des Watsonschen — Versuchs abspielen, nennt man auch *reaktives* oder *klassisches Konditionieren.*

„Klassisch" deshalb, weil es auch eine modernere Form der Konditionierung gibt.

Die russische „Reflexologie" versucht zwar, alle Lernprozesse auf die Ausbildung von bedingten Reflexen zurückzuführen. Es hat sich aber gezeigt, daß diese Theorie zur Erklärung der meisten Formen von Verhaltensänderungen nicht hinreicht.

Voraussetzung für die Bildung von konditionierten Reflexen ist nämlich immer, . . .

☐ A daß ein „konditionierender" Mensch die entsprechenden Reize darbietet.

☐ B daß zuvor ein natürlicher, angeborener Reflex existiert.

Menschen (und Tiere) sind von sich aus *aktiv.*

13 Man könnte Kinder nach den Prinzipien der reaktiven Konditionierung lernen lassen.
Bloß hätte diese Art von „Dressur" bald ihre Grenzen. Das Kind müßte ständig passiv dasitzen und auf irgendwelche Reize warten, auf die es dann endlich reagieren kann — oder muß.

Menschen aber, auch ganz junge, — und in weitem Ausmaß gilt das genauso für Tiere — sind ständig von sich aus .... (und nicht nur reaktiv).

14 Sperrt man ein hungriges Versuchstier, eine Taube, in einen Käfig, kann man viele, ganz verschiedene spontane Aktivitäten beobachten. Der amerikanische Behaviorist Burrhus F. Skinner tat nun folgendes:

Er gab einer Taube jedesmal, wenn sie unter den vielen Reaktionen ein ganz bestimmtes Verhalten — etwa das Niederdrücken einer Taste im Käfig — zeigte, etwas zu fressen. Was war wohl die Folge dieser „Belohnung“?

Das so von Skinner geförderte Verhalten wird nach einer Reihe von Wiederholungen dieses Vorgangs wahrscheinlich ....

Das wiederholt „belohnte“ Verhalten wird wahrscheinlich *häufiger auftreten.*

15 Menschen zeigen fortwährend eine Fülle spontaner Verhaltensweisen, und seien es auch — wie beim Neugeborenen — noch ganz unkontrollierte Bewegungen. Diese Verhaltensweisen wirken in irgendeiner Form auf die Umwelt ein und können damit Konsequenzen für den Handelnden haben.

Sind die Folgen eines Verhaltens positiv, wird es in Zukunft .... (häufiger/seltener) auftreten.

Bleiben Folgen aus, wird dieses Verhalten in Zukunft .... (häufiger/seltener) auftreten.

Verhalten mit positiven Folgen wird *häufiger*, Verhalten ohne Folgen wird *seltener* auftreten.

B ist richtig:
Ein bestimmter Reiz ist Konsequenz einer Aktion, nicht ihr Auslöser.

16 Die angenehmen, oft überraschenden Folgen bestimmter Aktionen lassen uns diese Handlungen immer wieder vollziehen. Denn wir möchten ja öfter in den Genuß solch positiver Konsequenzen kommen.

Skinners Taube, die anfänglich so verschiedene Verhaltensweisen zeigte, wird allmählich nur noch — und fast pausenlos — die Taste drücken, auch wenn sie seltener und schließlich gar nicht mehr dafür belohnt wird. Sie ist *konditioniert.*

Haben wir hier den gleichen Vorgang wie beim Pawlowschen Konditionieren?

☐ A Ja; denn auf einen Reiz (das Futter) folgt eine Reaktion (das Tastedrücken).

☐ B Nein; das Futter ist zwar ein Reiz, jedoch nicht der Auslöser einer Reaktion, sondern die Folge einer spontanen Aktion.

Eine Verhaltensänderung (ein Lernprozeß) nach Skinnerschem Muster heißt *operatives Konditionieren.*

17 Dieser Unterschied zum klassischen oder reaktiven Konditionieren drückt sich auch in der Bezeichnung für diesen Lernvorgang aus.

Betrachten wir noch einmal die einzelnen Stufen dieses Prozesses:

1. Eine Vielzahl von spontan auftretenden ziellosen Aktionen, die irgendwie auf die Umwelt einwirken. Einwirken heißt auf englisch “to operate“. Man nennt dieses nichtreaktive Verhalten deshalb „operatives Verhalten“.

2. Eine dieser Aktionen hat eine angenehme Konsequenz.

3. Hat dieses Verhalten wiederholt angenehme Folgen, erhöht sich die Wahrscheinlichkeit dafür, daß es häufiger auftritt.

Können Sie sich vorstellen, wie Skinner diesen Prozeß der Verhaltensänderung genannt hat?

Nicht „reaktives Konditionieren“, sondern „..............................
....“

18 Die angenehmen oder befriedigenden Folgen eines Verhaltens „reizen“ nicht nur dazu, daß wir uns öfter so verhalten. Sie bringen uns auch dazu, daß wir dieses Verhalten besser, differenzierter, in verstärktem Maße ausführen.

Deshalb nennt man beim operativen Konditionieren den Reiz, mit dem die Umwelt unser Verhalten beantwortet, . . .

☐ A Verstärker.
☐ B unbedingten Reiz.
☐ C bedingten Reiz.

A ist richtig:
Die angenehme Konsequenz einer bestimmten Verhaltensweise, die dazu führt, daß das Verhalten häufiger auftritt, heißt *Verstärker.*

19 Wenn wir das operative Konditionieren bewußt bei Lern- und Erziehungsprozessen einsetzen, die wir steuern wollen, dann „*verstärken*“ wir ein erwünschtes Verhalten.

Man kennt sogenannte *positive* Verstärker: Sie treten in einer bestimmten Situation als Reiz auf, wir erhalten irgendeine „Belohnung“. Es gibt auch *negative* Verstärker: Das sind unangenehme Reize, die aus einer Situation verschwinden und sie so — relativ — angenehmer machen.

Entscheiden Sie, ob es sich bei den folgenden Reizen um positive (+) oder negative (—) Verstärker handelt. Überlegen Sie dabei, in welcher Weise Sie sie jeweils einsetzen würden, um ein erwünschtes (!) Verhalten zu verstärken:

Bonbon ( )
grelles Licht ( )
Anerkennung ( )
Gefängnis ( )
elektrische Schläge ( )
Geld ( )
Gleichgültigkeit ( )
Lärm ( )

(Kennzeichnen Sie Ihre Entscheidung in den Klammern jeweils mit einem + oder einem —!)

Bonbon (+)
grelles Licht (—)
Anerkennung (+)
Gefängnis (—)
elektrische Schläge (—)
Geld (+)
Gleichgültigkeit (—)
Lärm (—)

Ja,
nicht nur erwünschte Verhaltensweisen werden verstärkt: Viele Formen des Fehlverhaltens, von schlechten Angewohnheiten über „Charakterfehler" bis zu Phobien (Albert) und Neurosen, können nach dem Prinzip der operativen Konditionierung entstehen.

20 Der weitaus größte Teil des menschlichen Verhaltens ist operativ konditioniert. Wir lernen also aus den Konsequenzen, die die Umwelt auf unsere Verhaltensweisen zeigt. Durch diese Konsequenzen, die Verstärker, sind wir aber auch manipulierbar oder — netter gesagt — erziehbar.

Eine letzte Frage: Halten Sie es für möglich, daß auch unerwünschte Verhaltensweisen nach dem Prinzip der operativen Konditionierung gelernt werden?

☐ Ja ☐ Nein

21 Neben allen Konsequenzen, die die Kenntnisse der Konditionierungsformen beispielsweise für die Erziehung und für den Unterricht gehabt haben, sind zwei wichtige Anwendungsbereiche aus den behavioristischen Lerntheorien hervorgegangen:

- Die *Verhaltenstherapie* betrachtet Neurosen als Ergebnis von Konditionierungsprozessen. Mit der Anwendung der Konditionierungsprinzipien — Bedingen von Reflexen und Verstärken — versucht sie, Patienten zu helfen (siehe Kapitel 11).

- Die *Programmierte Instruktion*, die auf Skinner zurückgeht, arbeitet nach dem Prinzip der operativen Verstärkung: Wenn Sie eine Antwort geben, und Sie erfahren gleich darauf, daß Ihre Reaktion auf die Frage richtig war, so wirkt die Bestätigung Ihres Verhaltens bei der Lösung der Aufgabe wie ein Verstärker. Die eingeschlagene Denkrichtung und auch Ihre Aktivität, weiterzulernen, werden bekräftigt (siehe Kapitel 10).

Motivationspsychologie

Forschungsgegenstand der Psychologie ist das Verhalten. Dazu gehört, daß man sich nicht auf die bloße Beschreibung des Verhaltens beschränkt, sondern versucht, Verhalten zu erklären und verständlich zu machen. Der Forscher fragt, *warum* ein ganz bestimmtes Verhalten an den Tag gelegt wird, was es veranlaßt, verursacht.

Die Antwort auf diese Frage ist oft gar nicht schwer: Viele Verhaltensweisen bei Mensch und Tier sind Reaktionen auf Reize, die von der Umwelt, zum Beispiel von anderen Individuen, ausgehen. Der Hund kommt gelaufen, wenn man ihm einen Knochen zeigt. Das Baby lächelt, weil es die Mutter mit der Flasche kommen sieht. Der Autofahrer bremst, weil eine alte Frau die Straße überquert.

Warum schlägt Herr A. seinen Sohn?

Schwieriger, oft aber auch interessanter ist es, die Ursachen des Verhaltens zu ergründen, wenn kein konkreter Anlaß, kein sichtbarer Reiz erkennbar ist. Dann versucht der Psychologe herauszufinden, welche Antriebe, welche Beweggründe dem Handeln zugrunde liegen. Warum schlägt Herr A. seinen Sohn? Warum wählt Frau B. die Partei C? Warum beißt der Schäferhund des Nachbarn unseren Dackel? Warum raucht Herr D. Zigarren? Wie der Kriminalist fragt der Psychologe nach dem „Motiv" der „Tat".

Motive sind es, die ein bestimmtes, nicht allein auf äußere Reize zurückführbares Verhalten beeinflussen und steuern, die ihm Form, Richtung und Intensität geben. Die Gesamtheit aller Motive, die ein Verhalten bestimmen, bezeichnet der Psychologe als *Motivation.*

In der Umgangssprache gibt es viele Begriffe, die allgemeine Motivationszustände beschreiben wie „Streben", „Wollen", „Wünschen", „Antriebe", „Interessen" oder „Bedürfnisse". Hinzu kommt eine Vielzahl von konkreten Einzelmotiven, zum Beispiel Hunger, Durst, Liebe, Haß, Ehrgeiz, Machtstreben, Angst.

Die Erforschung der Motivation — vor allem der menschlichen — ist eine der wichtigsten Aufgaben der Allgemeinen Psychologie. Die Motivationspsychologie versucht, auf den einzelnen Gebieten der Angewandten Psychologie Antwort auf viele Fragen zu geben. Die Klinische Psychologie fragt nach den Ursachen krankhaften Verhaltens, nach fehlgeleiteten Motiven und Motivkonflikten, die zu abnormem Verhalten führen. Die Pädagogische Psychologie sucht Antwort zum Beispiel auf die Frage, wie Lernverhalten motiviert werden kann. Die „Motivforschung" (ein Teilgebiet der Marktpsychologie) untersucht, welche Motive beim

Kauf einer bestimmten Ware oder auch bei der Wahl einer Partei eine Rolle spielen.

Viele Wissenschaftszweige bemühen sich um die Erklärung der Motivation des menschlichen und tierischen Verhaltens: Entwicklungs- und Sozialpsychologie, Tiefenpsychologie und vergleichende Verhaltensforschung, der Behaviorismus und die Physiologie. Die Motivationspsychologie hat die Aufgabe, diese Vielfalt von Forschungsergebnissen, Interpretationen und Hypothesen zu analysieren und zusammenzufassen.

Nur Libido — oder 50 Einzeltriebe?

Jede Wissenschaft bemüht sich um Klassifikation der Phänomene, die sie interessieren. Auch in der Psychologie der Motivation geht es zunächst darum, die große Zahl einzelner Motive zu ordnen und Kategorien zu bilden.

Es gibt Versuche, alle Motive auf *ein oder zwei Grund-Antriebe* zurückzuführen. Bei Freud war es zunächst die „Libido", der Geschlechtstrieb, später kam als zweiter der „Todestrieb" hinzu. Bei Adler war es der „Wille zur Macht", bei anderen wieder ein allgemeines Streben jedes Organismus nach einem optimalen physischen und psychischen „Gleichgewichtszustand".

Viele Forscher haben Kataloge von bis zu 50 angeborenen „Primär-Trieben" aufgestellt, aus denen dann *eine Vielzahl von Motiven*, sogenannte „Sekundär-Triebe", abgeleitet werden können. Als gesichert kann heute die Annahme von Primär-Trieben gelten. Dazu gehören Nahrungstrieb, Sexual-, Flucht-, Aggressions-, Brutpflege-, Neugier-, Ausscheidungs- und Säuberungstrieb (oder „-instinkt"). Sie sind vererbt und auch mit physiologischen Methoden — als Wirkung von Hormonen oder durch Reizung bestimmter Hirnpartien — nachweisbar.

Auf den Primär-Trieben bauen dann Sekundär-Triebe auf, die das Individuum in seiner sozialen Umwelt erlernt: Motive für menschliches Verhalten wie Hilfsbereitschaft, Leistungsstreben, Streben nach Anerkennung und die vielfältigen Interessen, die zum Beispiel unsere Berufswahl und unser Freizeitverhalten beeinflussen.

Im Mittelpunkt der Diskussion: die Aggression

Die Psychologie der Motivation fragt nach Ursachen und Gründen des Verhaltens. Eine Verhaltensform, die gerade heute im Mittelpunkt der Diskussion steht, ist die Aggression. Sie hat inzwischen die Sexualität als Thema Nummer eins fast verdrängt.

Jeder von uns kommt täglich mit Formen der Aggression in Berührung. Sie erstreckt sich auf alle Lebensbereiche. Feindseliges Verhalten und Angriffe gegen Mitmenschen — ob verbal oder als Tätlichkeit — stören unser soziales Leben in der Familie, in der Arbeitsgruppe, im Staat und zwischen Nationen. Das Individuum leidet darunter, wenn es direktes Opfer einer Aggression wird, aber auch indirekt, wenn Mittel, die der Gesellschaft zugute kommen könnten, durch Vorkehrungen gegen mögliche Aggressionen anderer Nationen blockiert werden. Schließlich wird Aggression zur Bedrohung für die gesamte Menschheit.

Der Psychologe neigt zu einer nüchternen Betrachtung aller Phänomene im Bereich menschlichen Verhaltens. Bei der Aggression jedoch fällt es ihm schwer, sie, wie es Konrad Lorenz tat, als das nur „sogenannte" Böse zu interpretieren.

Ist Aggressivität heilbar?

Es scheint durchaus gerechtfertigt, Aggression wie eine böse Krankheit aufzufassen. Man kann versuchen, eine Krankheit an ihren Symptomen zu kurieren, ohne nach der Ursache zu fragen. Auch Aggressionen kann man eindämmen. Statt des „Faustrechts" gibt es Gesetze und die Ordnungsmacht Polizei, die allzu krasse Formen der Aggression in der Gesellschaft verhindert oder einer Bestrafung zuführt. Aber damit wird die Aggressivität, die Neigung zur Aggression, nicht beseitigt — so wenig, wie ein fiebersenkendes Medikament die Malaria beseitigt.

Die Medizin hatte mit der Bekämpfung einer Krankheit meist Erfolg, wenn sie ihre Ursache, ihren Erreger gefunden hatte. Deshalb ist es nur vernünftig, wenn die Motivationspsychologie untersucht, welches die Ursachen, die Motive aggressiven Verhaltens sind.

Ist die Kontrolle der Aggression möglich, wenn ihre Ursachen bekannt sind? Auf diese Frage kann die Psychologie heute leider noch keine endgültige Antwort geben. Erst recht nicht auf die Frage nach den Ursachen.

Zwar haben die Teilgebiete der Psychologie und andere Disziplinen — die Tiefenpsychologie, die Sozialpsychologie, die Persönlichkeitsforschung, die Entwicklungspsychologie und die vergleichende Verhaltensforschung — eine Reihe von Theorien und Erklärungsversuchen geliefert. Sie bedürfen jedoch noch weitgehend der empirischen Bestätigung und Absicherung.

Die Suche nach dem „Erreger"

Völlig ungeklärt ist die Frage, ob Aggression auf einer stammesgeschichtlich ererbten, angeborenen Neigung zum „Bösen" beruht, die sich in jedem Fall in der einen oder anderen Form Bahn brechen muß. Freud sprach zum Beispiel vom „Todestrieb", einer Tendenz des Individuums zur Selbstvernichtung, die aber abgewehrt und als Aggression nach außen gegen andere gerichtet wird. Lorenz spricht vom Aggressionstrieb als einem Instinkt, der ursprünglich — wie bei Tieren — auch beim Menschen einmal eine sinnvolle Funktion für das Überleben hatte.

Auf der anderen Seite stehen Forscher — besonders amerikanische Sozialpsychologen und Behavioristen —, die das Entstehen von Aggressivität auf bestimmte Umwelteinflüsse zurückführen. Aggression ist für sie eine in der sozialen Umwelt gelernte Verhaltensweise: Mit Gewalt kann man Widerstände überwinden. Führt aggressives Verhalten so zum Erfolg, wird es gleichsam „belohnt". Belohnte Verhaltensweisen treten häufiger auf, werden gelernt. Auch Lernen durch Imitation von Vorbildern mag zur Bildung von Aggressivität beitragen.

Eine Mittelstellung zwischen diesen beiden Extrempositionen in der Erklärung der Aggression — angeboren oder erlernt — nehmen jene Forscher ein, die Aggression als Reaktion auf bestimmte Reize, Situationen oder Motivationszustände, etwa auf Angst, Repression oder Frustration, ansehen. Bei dieser Betrachtungsweise bleibt zunächst offen, woher das aggressive Verhalten seinen eigentlichen Antrieb, seine motivierende „Energie", bezieht — ob aus einem Instinkt oder aus erworbener, gelernter Verhaltensbereitschaft.

Aber gerade die Lösung dieser offenen Fragen ist von größter Bedeutung: für die Erziehung unserer Kinder, für Psychotherapie und Strafvollzug, für das Fortbestehen der menschlichen Gesellschaft. Davon wird es abhängen, ob wir einer Aggression, die aus einem fast unerschöpflichen Triebreservoir wie Hunger oder Sexualität fließt, möglichst viele sozialunschädliche Ventile — auf dem Fußballplatz oder im „Millionenspiel" — bieten müssen, oder ob wir ernsthafter als bisher versuchen müssen, die Umwelt — Elternhaus, Schule, Arbeitsplätze, Straßenverkehr, Institutionen — so frei von Ängsten, Repressionen und Frustrationen zu gestalten, daß Aggressionen gar nicht erst gelernt werden oder als Reaktionen auftreten können.

Frustration als Quelle der Aggression

Die systematische Betrachtung des Aggressionsverhaltens im Rahmen der Psychologie der Motivation ist noch nicht sehr alt. Nach einer Reihe einzelner früherer Arbeiten wurde die Diskussion vor allem durch die Amerikaner John Dollard, Neal E. Miller und ihre Mitarbeiter angeregt, die 1939 ihre „Frustrations-Aggressions-Hypothese" veröffentlichten.

Lernprogramm 5 macht Sie damit bekannt, was eigentlich unter „Frustration" zu verstehen ist und warum sie zur Aggression führen kann.

Lernprogramm 5

Frustration und Aggression

1 „Ich war mal wieder so richtig frustriert!" — Wir alle haben diesen Ausspruch schon oft gehört oder selber getan. „Frustration" ist in den letzten Jahren geradezu ein Modewort geworden. Aber wenden Sie den Begriff immer richtig an?

Was verstehen Sie unter Frustration? Entscheiden Sie sich für eine der sechs Alternativen, und lesen Sie dann unter dem entsprechenden Buchstaben weiter!

- ☐ A Verärgerung, Zorn
- ☐ B Eine schwere Enttäuschung
- ☐ C Ein strenges Verbot
- ☐ D Übermäßiger Geschlechtstrieb
- ☐ E Eine erlittene Ungerechtigkeit
- ☐ F Eine Form der Aggression

Wenn Sie A angekreuzt haben:
Sicherlich, manche meinen, wenn sie sich „frustriert" fühlen, eigentlich, daß sie verärgert, zornig oder „sauer" sind. Etwas ist richtig daran: Frustration kann zu einem Gefühl der Verärgerung führen. Versuchen Sie, in Schritt 1 eine bessere Definition zu finden.

Wenn Sie B angekreuzt haben:
Sie sind auf der richtigen Spur: Schwere Enttäuschung ist das Erlebnis, das meist aus einer Frustration resultiert. Dieser Zusammenhang ist so eng, daß man in der Umgangssprache den Begriff „frustriert" ruhig mit „enttäuscht" übersetzen kann. Die exakte Definition des Begriffs lesen Sie in Schritt 2.

Wenn Sie C angekreuzt haben:
Sie verwechseln Ursache und Wirkung! Ein Verbot kann die Ursache einer Frustration sein, muß es aber nicht. Gehen Sie noch einmal zu Schritt 1, und wählen Sie eine andere Antwort.

Wenn Sie D angekreuzt haben:
Sie sind auf einer falschen Spur. Frustrationen können durchaus im Sexualbereich auftreten, genausogut aber auch auf anderen Gebieten, wenn es um die Erfüllung von Bedürfnissen oder

Wünschen geht.
Wählen Sie in Schritt 1 eine andere Antwort.

Wenn Sie E angekreuzt haben:
Ungerechte Behandlung kann zu Frustration führen. Das ist richtig.
Eine Ungerechtigkeit ist aber nicht die Frustration selbst.
Suchen Sie in Schritt 1 eine bessere Deutung des Begriffs.

Wenn Sie F angekreuzt haben:
Frustration und Aggression stehen — so behauptet es die Theorie von Dollard und seinen Mitarbeitern — in engem Zusammenhang. Wie, das wird noch erläutert werden. Frustration und Aggression sind aber nicht dasselbe. (Es sei denn, Sie haben ganz spitzfindig gedacht: Wenn ich einen Mitmenschen bewußt frustriere, dann steht dahinter durchaus eine aggressive Absicht.)
Versuchen Sie bitte, in Schritt 1 eine näherliegende Antwort auf die Frage zu finden.

Die Behinderung beim Versuch, ein Ziel zu erreichen oder ein Bedürfnis zu befriedigen, wird als *Frustration* bezeichnet.
Meist erlebt der Mensch dabei eine *Enttäuschung*.

2 Ein Mensch (und sinngemäß gilt das auch für das Tier) versucht, ein Ziel zu erreichen, — und wird dabei behindert. Er versucht, ein Bedürfnis zu erfüllen, einen Trieb zu befriedigen, — und wird gezwungen, darauf zu verzichten.

Diese Behinderung, diese Vereitelung eines Verhaltens, diese Nichterfüllung eines Wunsches wird von der Psychologie als .... bezeichnet.

Der Mensch kann dabei ein Gefühl der .... erleben.

3 Überlegen Sie, bei welchen der geschilderten Situationen mit Sicherheit eine Frustration vorliegt:

☐ A Der kleine Max möchte gern das Auto haben, mit dem gerade Oliver spielt. Oliver sagt: „Nein, es ist meins" und hält es fest. Mäxchen fängt an zu schreien und versucht, Oliver das Auto abzujagen.

☐ B Die 14jährige Annette ist zu einer Party eingeladen. Sie bittet die Eltern, erst um Mitternacht heimkommen zu dürfen. Der Vater schlägt ihr die Bitte ab und begründet es mit seiner Sorge um ihr Wohlergehen. Annette tobt vor Wut.

☐ C Fräulein M. trainiert täglich mit ihrem Wallach für das kommende Springturnier. Man findet Pferd und Reiterin in guter Verfassung. Drei Tage vor dem Turnier erkrankt Fräulein M. an einer fiebrigen Grippe. Sie kann nicht teilnehmen.

☐ D Herr Weber tritt stets engagiert für die Rechte seiner Arbeitskollegen ein. Bei der nächsten Betriebsratswahl wird er zum Vorsitzenden vorgeschlagen. Herr Weber ist erfreut und erstaunt, lehnt aber ab.

A und B sind Beispiele für Frustrationen. Bei D liegt keine Frustration vor, da Herr Weber ja nicht irgendwelche Wünsche hatte, die nicht erfüllt wurden (allerdings könnten seine Kollegen frustriert sein). Der Fall C ist schwieriger: Eine Frustration muß nicht unbedingt vorliegen, da nichts darüber gesagt ist, wie sehr Fräulein M. die Teilnahme am Turnier anstrebte.

4 Dollard und seine Mitarbeiter beobachteten folgendes: Personen und Gruppen, die Aggressionsverhalten zeigten, hatten zuvor eigentlich immer eine Versagung oder Enttäuschung erlebt. Der Aggressor war frustriert worden. Daraufhin formulierten sie ihre Frustrations-Aggressions-Hypothese.

Der Kern ihrer Theorie besteht aus zwei Thesen:

These 1:
Der Eintritt von Aggression setzt immer die Existenz von Frustration voraus.

These 2:
Die Existenz von Frustration führt immer zu irgendeiner Form der Aggression.

Welche der beiden Thesen ist mit den oben geschilderten Beobachtungen vereinbar?

☐ These 1
☐ These 2
☐ Beide

Nur *These 1* faßt die Beobachtung zusammen, daß einem aggressiven Verhalten immer eine Frustration vorausgeht.

5 These 1 ist einleuchtend: Es ist bestimmt möglich, bei vielen Fällen von Aggressionsverhalten nachzuweisen, daß der Aggressor vorher in irgendeiner Form frustriert worden ist.

Versuchen wir nun, These 2 etwas anders zu formulieren: „Frustration hat keine anderen Folgen als Aggression."

Überlegen Sie, ob diese Interpretation stimmen kann. Kommt es nicht auch vor, daß nach einer Frustration gar keine Aggression auftritt, sondern ganz andere, nichtaggressive Verhaltensweisen? Zu welcher Stellungnahme kommen Sie?

☐ A Die angeführte Deutung der These 2 kann nicht stimmen. Denn man kann doch nach einer Frustration auch viele Verhaltensweisen beobachten, die nichts mit Aggression zu tun haben.

☐ B Die Deutung stimmt: Auf Frustration folgt immer nur Aggression und nichts anderes.

☐ C Die Deutung stimmt — aber unter der Voraussetzung, daß man Frustration anders definiert: nämlich als ein Ereignis, das immer Aggression zur Folge hat. Wenn man also nichtaggressives Verhalten beobachtet, dann kann auch keine Frustration vorausgegangen sein.

Wenn Sie A angekreuzt haben: Lesen Sie bei Schritt 6 weiter.

Wenn Sie B angekreuzt haben: Lesen Sie bei Schritt 7 weiter.

Wenn Sie C angekreuzt haben: Lesen Sie bei Schritt 8 weiter.

6 Sie haben richtig beobachtet. Vielleicht dachten Sie an ein Beispiel wie dieses:
Herr K. bittet um Gehaltserhöhung. Sein Chef sagt nein. Herr K. wird nun aber nicht etwa ausfällig gegen seinen Chef oder gar handgreiflich, sondern geht lächelnd an seinen Arbeitsplatz zurück.

Aber: Ist damit die Frustrations-Aggressions-Hypothese — oder zumindest These 2 — noch haltbar? ....

Die richtige Antwort finden Sie in Schritt 9.

7 Wenn Sie B gewählt haben, müssen wir Ihnen widersprechen: Ihnen fallen sicherlich Fälle ein, in denen nach einer Frustration auch anderes als aggressives Verhalten gezeigt wurde. Zum Beispiel in einer Situation wie dieser:

Herr K. bittet um Gehaltserhöhung. Sein Chef lehnt ab. Herr K. wird nun aber nicht etwa ausfällig oder gar handgreiflich gegen seinen Chef, sondern geht lächelnd an seinen Arbeitsplatz zurück. Herr K. war frustriert, reagierte aber nicht mit Aggression.

Gilt damit die Frustrations-Aggressions-Hypothese — oder zumindest die These 2 — überhaupt noch? ....

Bedenken Sie — die Wissenschaft darf sich nicht auf den Standpunkt stellen: „Ausnahmen bestätigen die Regel." Eine Hypothese soll sich stets mit allen beobachtbaren Fällen vereinbaren lassen.

Die richtige Antwort finden Sie in Schritt 9.

8 Sie haben ganz logisch gedacht. Ein Beispiel: Herr K. bittet um Gehaltserhöhung, sein Chef sagt aber nein. Statt nun ausfällig oder gar handgreiflich zu werden, geht Herr K. lächelnd an seinen Arbeitsplatz zurück.

Nach Ihrer Überlegung war Herr K. ganz einfach nicht frustriert. (Denn sonst hätte er ja aggressiv werden müssen!)

Aber wir haben Frustration vorhin als „Behinderung bei dem Versuch, ein Ziel zu erreichen" oder als „Nichterfüllung eines Wunsches" definiert. Und eine solche Versagung hat ja tatsächlich stattgefunden. Übrigens würde auch Dollard unserer Definition der „Frustration" zustimmen.

Ist damit die Frustrations-Aggressions-Hypothese — oder zumindest These 2 — überhaupt noch haltbar? ....

Die richtige Antwort finden Sie in Schritt 9.

B ist richtig:
Aggression als zwangsläufige Folge von Frustration schließt ja andere Verhaltensweisen als Folge nicht aus.

9 Wenn Sie mit Nein geantwortet haben, ist das nicht unlogisch gedacht. Trotzdem lautet die Antwort *Ja*. Auch wenn man nach einer Frustration andere als aggressive Verhaltensweisen beobachten kann, ist das noch mit These 2 vereinbar.

Wir haben Sie nämlich mit unserer „Übersetzung" der These 2, wie wir sie in Schritt 5 vorgenommen haben, aufs Glatteis geführt.

Sind Sie frustriert? Nun, auf das gleiche Glatteis gerieten auch viele Kritiker Dollards und seiner Mitarbeiter, als sie das erste Mal die Frustrations-Aggressions-Hypothese überdachten.

These 2 lautet: „Die Existenz von Frustration führt immer zu irgendeiner Form von Aggression."

Was bedeutet das, wenn man es wörtlich nimmt?

☐ A Frustration hat keine anderen Folgen als Aggression.

☐ B Frustration kann zu verschiedenen Verhaltensweisen führen. Irgendeine Form der Aggression ist aber immer dabei.

Haben Sie an die drei möglichen Wege gedacht, die die Aggression einschlagen kann?
Herr K. kann sich aggressiv *gegenüber anderen* verhalten. Seine Untergebenen, seine Frau, seine Kinder, sein Hund, andere Verkehrsteilnehmer könnten zum Beispiel unter seiner Frustration leiden.
Er kann sich *an Sachen* „abreagieren": Er knallt mit den Türen oder schindet sein Auto.
Schließlich kann Herr K. seine Aggression *gegen sich selbst* richten: Er macht sich Selbstvorwürfe, etwa daß er ein Versager sei; er „bestraft" sich, indem er abends nicht zum Stammtisch geht oder sich beim Rasieren schneidet.

10 Ein Verteidiger der Frustrations-Aggressions-Hypothese könnte sich jetzt auf den Standpunkt stellen: Die Aggression bricht sich schon irgendwie Bahn.

Herr K. ist frustriert worden. Er zeigt es nur nicht sofort in aggressivem Verhalten, vor allem nicht gegenüber seinem Chef.

Die Aggression wird sich in anderen Formen zeigen. Versuchen Sie einige Beispiele dafür zu finden:

1. Herr K. schnauzt seine Sekretärin wegen eines harmlosen Versehens an.

2. ....

....

3. ....

....

11 Dollard und seine Mitarbeiter stellen noch eine andere Überlegung an. Sie sprechen von „irgendeiner Form der Aggression", machen dabei aber einen Unterschied zwischen . . .

1. dem tatsächlichen Auftreten einer Aggression und

2. der Erregung von „aggressiven Tendenzen" durch eine Frustration.

Frustration führt immer zu aggressiven Tendenzen, erregt aber gleichzeitig meist Tendenzen zu anderen Verhaltensweisen. Wenn diese anderen Reaktionen, wie zum Beispiel die Hemmung, Schwächeren weh zu tun, mit aggressiven Reaktionen unvereinbar und stärker sind als die Aggressionstendenzen, dann können sie ....

....

....

Mit Aggression unvereinbare Reaktionstendenzen können — wenn sie stärker sind als die Tendenzen zur Aggression — *das tatsächliche Auftreten einer Aggression hemmen oder verhindern.*

12 Welche der folgenden Fälle sind Beispiele für diesen Vorgang?

☐ A Herr K. will mit scharfen Worten auf das Nein seines Chefs reagieren, fürchtet aber, sich bei seiner Erregung in der Wahl seiner Worte zu vergreifen und deshalb entlassen zu werden.

☐ B Herr K. sieht wenig später auf der Straße einen jungen Mann mit langen Haaren. Er schimpft laut auf alle Gammler und Hippies, die man eigentlich ins Arbeitslager stecken sollte, damit sie etwas Ordentliches lernen.

☐ C Herr K. denkt, eigentlich sollte er dem Chef eine in sein feistes Gesicht geben, lächelt dann aber über diese abwegige Idee und sagt sich, wir leben ja nicht im Wilden Westen.

A und C
sind die richtigen Beispiele: Aggressive Tendenzen können durch Furcht vor Strafe, vor den unangenehmen Folgen einer Aggression für den Angreifer wie auch durch die allgemeinen gesellschaftlichen Normen für „richtiges", „erlaubtes" Verhalten gehemmt werden.

13 Nun wäre es schön, wenn Aggressionen so leicht durch den Frustrierten selbst eingedämmt werden könnten. Diese Hoffnung wird durch Dollard „frustriert“:

Die Tendenz zur Aggression wird durch die Hemmungen nicht beseitigt. Die Forscher konnten in Versuchen bestätigen, daß eine Tendenz zur Aggression um so stärker ist,

1. je wichtiger uns das Ziel war, dessen Erreichung vereitelt wurde;

2. je stärker der Widerstand war, der sich der Verwirklichung unserer Bedürfnisse entgegensetzte;

3. je häufiger wir frustriert wurden.

Besonders der dritte Faktor zeigt, daß eine Häufung von — eigentlich recht kleinen — Frustrationen zu einer Summierung von Aggressionstendenzen führen kann, so daß schließlich unkontrollierte Aggressionen sich Bahn brechen.

Entwicklungspsychologie

„Am Morgen geht es auf vier Beinen, am Mittag auf zwei und am Abend auf dreien. Was ist das?" Dieses Rätsel gab die Sphinx der antiken Sage Ödipus auf, der mit der Lösung die Stadt Theben befreite.

Und mit diesem Rätsel zeigte die Sphinx drei Entwicklungsstadien des menschlichen Lebens: Kind — Erwachsener — Greis.

Entwicklung: zeitbedingte Wandlungsprozesse

Der erste Versuch einer Entwicklungspsychologie? Vielleicht. Immerhin hat die Sphinx den Menschen — genauer die Entwicklung seiner Fortbewegungsart — beobachtet und beschrieben.

Einer ähnlichen Aufgabe, so haben Sie es in den bisherigen Kapiteln erfahren, widmet sich heute der Psychologe: der Erforschung und Beschreibung des menschlichen Verhaltens. Und er forscht nach den Ursachen dieses Verhaltens. Reize, Motive, Lernprozesse — das sind die Faktoren, die unser Verhalten auslösen, verändern oder ihm Richtung geben können.

Die Sphinx beobachtete noch einen weiteren Faktor, auf dessen Konto wichtige Verhaltensänderungen gehen können. Es ist die *Zeit*. „Die Zeit hat ihn geprägt" — „Mit der Zeit ist er so geworden", stellen wir oft lapidar fest, wenn wir bei einem Menschen eine bestimmte Entwicklung beobachten konnten. Voller Hoffnung äußern wir bei einem Kind: „Mit der Zeit wird es sich schon machen." Oder wir delegieren Erziehungsaufgaben an die Zeit: „Die Zeit wird es schon lehren."

Kennzeichen dieser zeitbedingten Wandlungsprozesse ist die fortschreitende, nicht mehr umkehrbare Veränderung. Wir beschreiben solche Prozesse, die das Kennzeichen alles Lebendigen sind, mit dem Wort *Entwicklung*.

Die Entwicklungspsychologie nun erforscht die zeitbedingten Wandlungsprozesse, denen das Verhalten und Erleben unterliegen.

Die Psychologie der Lebensalter

Frühere Jahrhunderte betrachteten die verschiedenen Lebensalter des Menschen als Durchgangsstadien einer kontinuierlichen Entwicklung zur „Vollkommenheit". Das Kind und der Jugendliche wurden als unvollkommene, „unfertige" Erwachsene aufgefaßt. Es ist gerade ein gutes Jahrhundert her, daß man die Eigengesetzlichkeit der einzelnen Altersphasen erkannte. Mit dieser Entdeckung begann die eigentliche Entwicklungspsychologie. Sie wurde zunächst die Psychologie der einzelnen Lebensalter.

Entwicklungspsychologen versuchten nun jahrzehntelang, möglichst genau die einzelnen Lebensabschnitte zu definieren und die Grenzen abzustecken, an denen jeweils der Übergang von einem Zustand — mit seiner nur ihm eigenen Gesetzlichkeit — zum nächsten — der sich wiederum von allen anderen unterscheidet — erfolgt.

Als heute allgemeingültige Einteilung kann die folgende gelten:

- *Säuglingsalter* — bis zum Ende des 1. Lebensjahres,
- *frühes Kindesalter* — bis zum 6. Lebensjahr,
- *mittleres Kindesalter* — bis zum 10. Lebensjahr,
- *spätes Kindesalter* — bis zum 12. Lebensjahr,
- *Pubertätsalter* — etwa bis zum 16. Lebensjahr,
- *Jugendalter* — etwa bis zum 20. Lebensjahr,
- *Erwachsenenalter* — etwa bis zum 65. Lebensjahr,
- „*Alter*“ *(Greisenalter)* — der letzte Lebensabschnitt.

Phasen, Stufen oder Spiralen?

Nachdem einmal erkannt war, daß Entwicklung nicht als kontinuierlicher, rein quantitativer Fortschritt — dem Wachstum etwa vergleichbar — aufzufassen ist, begann zwischen den verschiedenen Schulen der Entwicklungspsychologie die Diskussion, ob es sich bei den einzelnen Entwicklungsabschnitten etwa um eine Folge von „Phasen“, „Stadien“, „Stufen“, „Spiralen“, „Krisen“ oder „Schüben“ handele. Und je nach Modellvorstellung und theoretischem Standpunkt gewann man andere Einteilungen und gab Einschnitten verschiedene Namen.

Die Freudsche Psychoanalyse unterschied zum Beispiel im Säuglings- und Kindesalter die „orale“, „anale“ und „genitale“ Phase, je nachdem, welche Körperregionen im Verhalten und in der Beziehung des Kindes zu sich selbst und zur Umwelt im Vordergrund stehen. Von ähnlichen Gesichtspunkten — etwa, welche charakteristischen, neuartigen Verhaltensweisen und Fähigkeiten in einem bestimmten Entwicklungsabschnitt hervortreten — ließen sich die meisten Entwicklungspsychologen leiten. Die für die Entwicklungspsychologie bedeutende Schule von Karl und Charlotte Bühler prägte Begriffe wie „Greifling“, „Läufling“ und „Sprechling“ für verschiedene Phasen der Kleinkind-Entwicklung oder sprach vom — späteren — „Struwwelpeter-“, „Märchen-“ und „Robinsonalter“. Und jedem von uns sind Begriffe wie das „Trotzalter“ (im dritten Lebensjahr und in der Pubertät) geläufig.

Für die Kindertherapie, die Erziehungsberatung, für Eltern und Schule ist es sehr wichtig, den jeweiligen Entwicklungsstand eines Kindes zu diagnostizieren. Um Entwicklungsverzögerungen feststellen und gezielte Förderungsmaßnahmen einleiten zu können, stellen sie der Entwicklungspsychologie die Frage, was jeweils der „normale“ Entwicklungsstand ist. Um zu wissenschaftlich fundierten statistischen Aussagen zu kommen, hat sich die Entwicklungspsychologie im Grunde zweier Verfahren bedient: *Querschnittsuntersuchungen* ermitteln an Stichproben jeweils Gleichaltriger aus verschiedenen Jahrgängen den durchschnittlichen Entwicklungsstand. Bei *Längsschnittuntersuchungen* verfolgt man die Entwicklung von Menschen aus ein und derselben Stichprobe über Jahre hinweg.

Die Phasenfolge — absoluter Maßstab oder Orientierungshilfe

Derartige Studien haben ergeben, daß die zeitliche Zuordnung von Entwicklungsphänomenen nicht unproblematisch ist: Kinder haben unterschiedliche Entwicklungsgeschwindigkeiten und erreichen gleiche Entwicklungsziele zu verschienen Zeitpunkten. Zum Beispiel kann das eine Kind seine ersten grammatisch richtigen Sätze mit 20 Monaten sprechen; ein anderes Kind erreicht dieses Ziel vielleicht erst mit zweieinhalb Jahren. Solche Abweichungen muß man nicht unbedingt tragisch nehmen. In den meisten Fällen wird ein Kind einen — an der Norm gemessenen — Entwicklungsrückstand von wenigen Wochen oder Monaten leicht aufholen. Und umgekehrt berechtigt ein Kind, das früher als andere zählen kann, keineswegs zu der Hoffnung, es werde ein zweiter Einstein.

Aber diese Abweichungen machen eine „Normfindung“ schwer. Dafür ist bezeichnend, daß 15 der bedeutendsten Entwicklungspsychologen in ihren Untersuchungen zu 45 verschiedenen Zeitpunkten kamen, an denen jeweils ein Entwicklungsabschnitt in den nächsten übergehen „soll“, und zu entsprechend vielfältiger Überschneidung einzelner Phasen! Auch die acht Entwicklungsabschnitte, die wir vorhin aufgezählt haben, stellen nur eine von vielen möglichen Einteilungen dar. Sie geben eigentlich nicht mehr als eine Orientierungshilfe.

Da das Lebensalter, wie wir jetzt gesehen haben, oft ein recht mangelhafter Bezugsmaßstab für die psychische Entwicklung ist, hat man versucht, geistige und verhaltensmäßige Entwicklungsfortschritte mit körperlichen zu vergleichen. Statt des Lebensalters wählte man das *biologische* oder *organische* Alter, gemessen an verschiedenen Reifungs- und Wachstumsprozessen. Die enge Beziehung zwischen körperlichen und psychischen Merkmalen leuchtet ein, wenn man sich überlegt, daß die Gehirnentwicklung, die Reifung des Bewegungsapparates oder der Eintritt der Geschlechtsreife ja nicht ohne Einfluß auf Verhalten und Erleben bleiben. Doch auch hier treten Probleme auf: Das biologische Alter läßt sich nicht immer ohne weiteres feststellen, und die Zuordnung von psychischen Merkmalen ist ebenfalls nicht immer eindeutig.

Worin Eindeutigkeit besteht, ist eigentlich nur noch, daß typische Entwicklungsphasen meist in einer bestimmten Reihenfolge auftreten. Sie läßt sich nicht umkehren; denn im Laufe der menschlichen Entwicklung kann sich vielfach eine Fähigkeit oder Funktion immer erst dann entfalten, wenn andere bereits entwickelt sind.

Neue Aspekte brachte die *vergleichende Entwicklungspsychologie.* Der Vergleich von Entwicklungsprozessen bei Mensch und Tier und unter verschiedenen kulturellen Bedingungen — bei Naturvölkern und in unterschiedlichen sozialen Schichten — verlangte in mancher Beziehung ein Umdenken. Beeinflußt von Forschungsergebnissen der Persönlichkeitsforschung, der Soziologie, Kulturanthropologie und vor allem der Sozialpsychologie bekam die Entwicklungspsychologie eine neue Richtung. Im Blickpunkt stehen nun nicht mehr so sehr die Zuordnung von psychischen Merkmalen zum chronologischen oder biologischen Alter. Der Schwerpunkt der Forschung liegt auf der Analyse von Einflüssen, die bestimmte Umweltbedingungen auf Entwicklungsprozesse ausüben.

Begabung — ererbt oder gelernt?

Wer aufmerksam beobachtet hat, konnte in den letzten sechs Jahren Zeuge einer Revolution werden. Sie mag zunächst unscheinbar aussehen; das Maß ihrer Auswirkung ist jedoch noch nicht abzusehen.

Einstellungen, Meinungen zu weltanschaulichen Fragen und Vorurteile haben eine große Konstanz. Sie zu ändern, zählt zu den schwierigsten Erziehungsaufgaben. Und doch hat sich in der Einstellung zu einem Problem ein grundsätzlicher Wandel vollzogen, ein Frontenwechsel in einem langjährigen Krieg — dem Streit zwischen „Erbtheoretikern“ und „Milieutheoretikern“.

Der Standpunkt der Erbtheoretiker: Nahezu alle Eigenschaften des Menschen, nicht nur körperliche Eigentümlichkeiten also, sondern auch charakterliche, geistige und verhaltensmäßige Eigenschaften und Fähigkeiten sind in der Erbausstattung, im genetischen Code, von der Zeugung an festgelegt. Die Erbanlagen bestimmen, wie der Mensch sich im Laufe des Lebens entwickelt. Umwelteinflüsse können sie gar nicht oder nur in geringem Maß verändern. Unterschiede zwischen einzelnen Menschen sind fast allein auf Unterschiede in den Erbanlagen zurückzuführen.

Ganz anders die Milieutheoretiker. Sie lassen einen „Erbdeterminismus“ eigentlich nur für den Bereich der körperlichen Merkmale gelten — und auch da nur in beschränktem Umfang. Unterschiede in psychischen Eigenschaften sind durch unterschiedliche Milieueinflüsse — physikalische Einflüsse, Ernährung, verschiedene Erziehungsstile, unterschiedliche kulturelle und gesellschaftliche Bedingungen, verschiedene Erfahrungen — verursacht.

Das Schlagwort von der „Erschließung der Begabungsreserven“ läßt die zwei Standpunkte besonders deutlich hervortreten. So glaubten die Erbtheoretiker, die verborgenen Begabungsreserven könne man durch entsprechende Testverfahren entdecken und einer gezielten Ausbildung zuführen. Die Milieutheoretiker verlangten kurzerhand, man müsse das Grundrecht auf Bildung nach dem Prinzip der Chancengleichheit verwirklichen. Es käme nicht darauf an, genügend Begabte zu finden, sondern genügend Menschen zu „begaben“.

Heute besteht die Tendenz, den „Milieutheoretikern“ mehr recht zu geben. Und hier liegt die Revolution, die oben angesprochen wurde: Während noch vor wenigen Jahren der überwiegende Teil der Öffentlichkeit den ersten Standpunkt — den „erbtheoretischen“ — einnahm und Begabungsunterschiede als naturgegeben ansah, überwiegt heute die „milieutheoretische“ Meinung, Begabungsunterschiede beruhten hauptsächlich auf Umweltbedingungen, unter denen gesellschaftliche Faktoren eine entscheidende Rolle spielen.

Der Meinungsstreit ist noch nicht beigelegt. Lernprogramm 6 soll zeigen, ob Forschungsergebnisse der Entwicklungspsychologie und der Begabungsforschung zu einer Klärung beitragen können.

Lernprogramm 6

Könnten wir intelligenter sein?

1 John B. Watson, der Begründer des Behaviorismus, forderte 1925 seine Mitwelt auf:
„Geben Sie mir ein Dutzend gesunder Kinder, wohlgebildet, und meine eigene besondere Welt, in der ich sie erziehe. Ich garantiere Ihnen, daß ich blindlings eines davon auswähle und es zum Vertreter irgendeines Berufs erziehe, sei es Arzt, Richter, Künstler, Kaufmann oder Bettler, Dieb — ohne Rücksicht auf seine Talente, Neigungen, Fähigkeiten, Anlage, Rasse oder Vorfahren!“

Überdenken Sie noch einmal die erwähnten Standpunkte zum Begabungsproblem, und entscheiden Sie sich für eine der Möglichkeiten:

☐ A Watson war ein Anhänger der „Erbtheorie“.

☐ B Watson war ein extremer „Milieutheoretiker“.

☐ C Watson läßt sich keiner der beiden Positionen eindeutig zuordnen.

B ist richtig:
Watson als extremer *Milieutheoretiker* bekräftigt seinen Standpunkt:
„Es gibt keine Vererbung von Fähigkeiten, Talent, Temperament, seelischer Konstitution und Charaktereigenschaften. Sie hängen von der Übung ab, die schon in der Wiege beginnt.“ (Die These von der unbegrenzten Manipulierbarkeit des Menschen hat übrigens Skinner erst 1971 erneut belebt.)

2 Betrachten Sie nun folgende Fakten:

- Kinder aus Akademikerfamilien haben im Durchschnitt einen wesentlich höheren Intelligenzquotienten als die anderer Bildungsschichten. Es folgen Kinder von Beamten und Angestellten, dann die von Facharbeitern, Bauern und schließlich Kinder von ungelernten Arbeitern.
- Etwa die Hälfte der Bevölkerung der BRD gehört der Arbeiterschaft an. Nur jeder zwölfte Student kommt aber aus einer Arbeiterfamilie.

Man kann jetzt sowohl den Standpunkt der Milieutheoretiker, als auch den der Erbtheoretiker untermauern. Wer wird zu welchem Schluß gelangen?

1. Familien, die schon seit einigen Generationen Akademiker sind, sind gerade deshalb Akademiker, weil sie intelligenter sind. — Das könnte ein Anhänger der .... behaupten.

2. Ein Kind, das in einer Akademikerfamilie aufwächst, empfängt schon in den ersten Lebensjahren ganz andere geistige Anregungen als ein Arbeiterkind. Da ist es leicht, begabter zu werden. — Das könnte ein Vertreter der .... sagen.

1. *Erbtheorie*
2. *Milieutheorie*

3 Wir kommen auf diesem Weg also kaum zu einer Lösung der Anlage-Umwelt-Kontroverse. Versuchen wir wissenschaftlich vorzugehen.

Die Frage ist, ob Begabungsunterschiede auf Unterschieden der Erbanlagen beruhen oder auf Unterschieden in der Umwelt, die während der entscheidenden Jahre der Entwicklung einwirkt.

Warum ist die Klärung dieser Frage eigentlich so schwierig?

☐ A Weil sich Begabung nur sehr schwer messen läßt.

☐ B Weil zwei Ursachen — Anlage oder Umwelt — für eine Wirkung (Begabung) verantwortlich sein können, sich aber nur die Wirkung feststellen läßt.

☐ C Weil sich die Fronten zwischen Erbtheoretikern und Milieutheoretikern inzwischen so verhärtet haben, daß sich eine Einigung kaum noch herbeiführen läßt.

Wenn Sie A angekreuzt haben:
Es kommt darauf an, wie man „Begabung" definiert. Man kann zwar Begabung als eine Art Potential auffassen, das beim Kind noch nicht festzustellen ist, sondern sich erst im Laufe der Entwicklung entfaltet. Die Begabungsforschung kann aber — wie jede Psychologie — mit Nichtbeobachtbarem nicht arbeiten. Begabung wird deshalb immer aus beobachtbaren Leistungen rückerschlossen. Sie kann also durchaus gemessen werden. Versuchen Sie es bei Schritt 3 mit einer anderen Antwort!

Wenn Sie B angekreuzt haben:
Das ist richtig: Wenn wir eine bestimmte Begabungshöhe feststellen, können wir ihr nicht ansehen, ob der Faktor Umwelt oder der Faktor Anlage sie bewirkt hat.

Wenn Sie C angekreuzt haben:
Der erstaunliche Einstellungswandel der letzten Jahre in der Begabungsfrage hat gezeigt, daß die Fronten nicht unüberbrückbar sind. Wissenschaftler sind zwar auch nur Menschen, die oft genug mit vorgefaßten Meinungen an Probleme herangehen, sollten aber bereit sein, Beobachtungen und Fakten anzuerkennen und Voreingenommenheit zu revidieren. Wir empfehlen: Revidieren Sie Ihre Entscheidung in Schritt 3.

Erbtheorie:
ja, völlige Übereinstimmung.
Milieutheorie:
nicht unbedingt, Unterschiede in den Umwelteinflüssen dürften entsprechende Begabungsunterschiede bewirken.

4 Das Problem scheint unlösbar. Wie kann man nur der wirklichen Ursache auf die Spur kommen?
Hier hat nun die Natur selbst ein großartiges Experiment gemacht, das dem Forscher sehr nützlich ist: Es gibt die sogenannten *eineiigen Zwillinge*. Sie entstehen aus einem Ei, das von einer Samenzelle befruchtet wurde und sich dann in einem frühen Stadium der Embryonalentwicklung geteilt hat.

Die Erbanlagen stimmen also bei beiden Partnern eines eineiigen Zwillingspaares völlig überein.

Folgern Sie selbst, ob dann auch die Begabung der beiden Zwillinge übereinstimmen würde.

Wenn die Erbtheorie zuträfe:

....

Wenn die Milieutheorie zuträfe:

....

....

....

C ist richtig:
Die Anlagen bestimmen zwar in hohem Maß die Intelligenz, die Umwelt bewirkt aber doch gewisse Unterschiede — sogar in der gleichen Familie!

5 Bei eineiigen Zwillingen, die im gleichen Milieu — also in einer Familie — groß wurden, stellt sich nun heraus, daß es nicht sehr große Unterschiede zwischen der Begabung des einen und der des anderen Partners gibt. Im Durchschnitt beträgt der Unterschied im Intelligenzquotienten (IQ) nur etwa 6 Punkte.

Man kann den Zusammenhang auch mit dem sogenannten Korrelationskoeffizienten ausdrücken: Bestünde zum Beispiel zwischen der Intelligenz des einen Zwillings und der des anderen eine hundertprozentige Übereinstimmung, wäre der Korrelationskoeffizient 1. Bestünde überhaupt kein Zusammenhang, wäre die Korrelation Null.

Die Korrelation der Intelligenz zwischen gemeinsam aufgewachsenen Zwillingen beträgt nun 0,88.

Was bedeutet dieses Ergebnis für die Anlage-Umwelt-Kontroverse?

☐ A Ein eindeutiger Sieg für die Erbtheorie.

☐ B Die hohe Korrelation ist allein auf die gleichen Milieubedingungen zurückzuführen.

☐ C Weil die Korrelation trotz vollkommen gleicher Erbanlagen nicht 1 beträgt, müssen doch Umwelteinflüsse die Intelligenz beeinflussen.

6 Wenn unsere Deutung stimmt, dann müßten die Unterschiede im IQ bei eineiigen Zwillingen noch stärker sein, wenn sie getrennt, in verschiedenen Familien aufwachsen.

Hier ist tatsächlich die IQ-Differenz im Durchschnitt 8 Punkte, und der Korrelationskoeffizient beträgt 0,77.

Vergleichen wir diese Daten mit denen gewöhnlicher, nicht erbgleicher Geschwister:

	Korrelation des IQ
Eineiige Zwillinge	
gemeinsam aufgewachsen	0,88
getrennt aufgewachsen	0,77
Gewöhnliche Geschwister	
gemeinsam aufgewachsen	0,50
getrennt aufgewachsen	0,25
Stiefgeschwister	
gemeinsam aufgewachsen	0,35

Was sagen uns die Ergebnisse aus der Tabelle?

1. Getrennt aufgewachsene erbgleiche Zwillinge weisen .... (größere/geringere) Intelligenzunterschiede auf als gemeinsam aufgewachsene, nicht erbgleiche Geschwister.

2. Bei getrennt aufgewachsenen, nicht erbgleichen Geschwistern bestehen .... (größere/geringere) Intelligenzunterschiede als bei gemeinsam aufgewachsenen Stiefgeschwistern.

1. *geringere* Intelligenzunterschiede

2. *größere* Intelligenzunterschiede

7 Welchen Aussagen können Sie nach diesen Ergebnissen nun zustimmen?

☐ A Die Anlagen haben einen erheblichen Einfluß auf die Intelligenz — das beweist die große Ähnlichkeit getrennt aufgewachsener eineiiger Zwillinge.

☐ B Umweltbedingungen haben einen erheblichen Einfluß — das beweist die größere Ähnlichkeit von Adoptivgeschwistern gegenüber getrennt aufgewachsenen gewöhnlichen Geschwistern.

☐ C Man kann sich eigentlich weder ganz für die Milieutheorie noch ganz für die Umwelttheorie entscheiden, es scheint jedoch so, als ob die Erbeinflüsse stärker sind als die Umwelteinflüsse.

A, B und C sind richtig.

Falls die Rechnungen stimmen, kann man die angeborene Intelligenz nur um etwa *20* Prozent beeinflussen.

8 Es gibt also kein Entweder-Oder in der Anlage-Umwelt-Kontroverse. Beide Faktoren scheinen bei der Entstehung von Begabungsunterschieden eine Rolle zu spielen. Aber welcher der beiden Faktoren hat den größeren Einfluß?

Eine Reihe von Forschern hat sich darum bemüht, möglichst genau das Ausmaß zu bestimmen, indem jeweils Erbanlagen und Umweltbedingungen zu Intelligenzunterschieden beitragen.

Man berechnete zum Beispiel das Verhältnis der beiden Anteile aus den Intelligenzunterschieden bei eineiigen Zwillingen im Vergleich mit denen bei gewöhnlichen Geschwistern. Die meisten Autoren kamen so zu Schätzungen, die besagen, daß etwa 70 bis 80 Prozent der Intelligenzunterschiede auf unterschiedlicher Erbausstattung beruhen.

Wenn diese Berechnungen stimmen, hat das nun doch gewisse Konsequenzen für die Begabungsförderung. Überlegen Sie: Wenn die Intelligenzhöhe bei der Geburt schon zu 80 Prozent festgelegt ist, dann bedeutet dies:

Wie immer man die Umwelt gestaltet, in der ein Kind heranwächst, man kann seinen IQ durchschnittlich nur um eine Spanne verbessern, die etwa .... Prozent der Intelligenzunterschiede ausmacht, die man in der Gesamtbevölkerung vorfindet.

Die Grenzen, in denen der IQ manipulierbar ist: 6 Punkte (oder höchsten 9 Punkte, also 20 beziehungsweise 30 Prozent von 30 Punkten) nach oben oder nach unten.

9 Rechnen wir noch ein wenig, um zu sehen, was das bedeutet:

Der IQ von rund 95 Prozent der Bevölkerung liegt zwischen 70 und 130 Punkten, also in einem Bereich von 30 Punkten über und 30 unter dem Durchschnitt 100.

Man kann also nicht erwarten, daß der IQ durch günstige Gestaltung von Umwelteinflüssen um wesentlich mehr als .... Punkte nach oben — oder durch ungünstige Einflüsse nach unten — verschoben wird.

10 Unter der Voraussetzung, daß die Berechnungen der Zwillingsforscher stimmen, müßte man hinzufügen. Denn das muß man stark in Zweifel ziehen.

Bis vor wenigen Jahren wurden in vielen Berichten immer wieder diese Prozentsätze für Erb- und Umwelteinfluß angegeben.

Betrachten Sie diese Fakten:

- Von 1914 bis 1941 stieg der durchschnittliche IQ in der US-Armee von 62 auf 104. In der Zeit zwischen den Kriegen war die Schulpflicht verlängert worden.
- Bei amerikanischen Negerkindern in Slums sank der IQ vom 8. zum 16. Lebensjahr von durchschnittlich 85 auf 69.
- In Untersuchungen an getrennt aufgewachsenen eineiigen Zwillingen reicht der (sonst meist mit dem Durchschnitt 8 angegebene) IQ-Unterschied von 1 bis zu 24 Punkten.

Sind Sie verwirrt? Können Sie die Widersprüche erklären?

☐ A In den älteren Untersuchungen müssen Rechenfehler stecken.

☐ B Die älteren Berechnungen beruhen auf manipuliertem Zahlenmaterial.

☐ C Das Zahlenmaterial wurde zu einseitig ausgewertet.

C ist wahrscheinlich der Fall. Es gibt zum Beispiel verschiedene Formeln, die zu unterschiedlichen Anlage-Umwelt-Relationen führen.

11 Hinzu kommt auch, daß die Berechnung von Durchschnittswerten oft Feinheiten zudeckt, die bei differenzierter Betrachtung zutage treten.

Untersuchungen an eineiigen Zwillingen haben vielfach nicht alle Faktoren berücksichtigt, die eine Rolle spielen können. Zum Beispiel wachsen die meisten Geschwister, die in den ersten Lebensjahren getrennt werden, doch unter relativ ähnlichen Umweltbedingungen, meist in der gleichen gesellschaftlichen Schicht, auf.

Betrachtet man aber in den einzelnen Fällen die Unterschiede im sozialen Milieu und in den Erziehungsbedingungen genauer und setzt sie in Beziehung zu den Intelligenzunterschieden zwischen eineiigen Zwillingen, bekommt man folgendes Bild:

Je größer bei einem Zwillingspaar die Unterschiede im Milieu sind, desto größer sind im allgemeinen

....

Je größer die Milieuunterschiede, desto größer sind, auch bei gleichen Erbanlagen, *die Intelligenzunterschiede.*

Wir halten B für wichtiger.

12 Mit diesen Erkenntnissen ist natürlich die Frage nach den wirklichen Anteilen von Umwelt und Anlage bei der Entwicklung der Begabung nicht beantwortet. Die Analyse von Untersuchungen und ihrer Methodik zeigt, daß je nach den Umweltbedingungen, die der jeweiligen Untersuchung zugrunde lagen, andere Anteile berechnet werden können und daß letztlich Umweltfaktoren darüber entscheiden, wie groß der Anteil der Erbanlagen an der Intelligenz ist.

Welche Frage halten Sie für wichtiger für die theoretische Entwicklungspsychologie und für die pädagogische Praxis?

☐ A Zu wieviel Prozent beeinflussen jeweils die Umwelteinflüsse und die Erbanlagen die Höhe der Begabung?

☐ B Welche Umweltfaktoren haben den größten Einfluß auf die Entwicklung der Begabung?

13 Diese Frage ist heute noch keineswegs voll beantwortet. Viele Untersuchungen und Erfahrungen der letzten Jahre lassen folgende Faktoren als besonders wichtig für die Entwicklung der Intelligenz hervortreten:

- Das Ausmaß, in dem ein Kind schon frühzeitig zur Sprachentwicklung — durch korrekte Vorbilder, durch vielfältige Sprechanlässe und reichen Wortschatz — angeregt wird.
- Das Ausmaß, in dem ein Kind Gelegenheit zu vielseitigem Kontakt mit der Umwelt — mit Gleichaltrigen, Eltern, Büchern, Fernsehen und anregendem Spielmaterial — hat.
- Das Ausmaß, in dem das Kind zu klarem Denken, zum Problemlösen und zur Kreativität angeregt wird.
- Das Ausmaß, in dem es Lerngelegenheiten geboten bekommt und — frei von Zwängen — durch behutsames Lob zum Lernen angeregt wird.

Eines zeichnet sich ab: Sollten wir eines Tages in der Lage sein, die Umwelt so zu gestalten, daß ein Maximum an Anregungsbedingungen für intellektuelles Wachstum besteht, so ist nicht abzusehen, wo die Grenzen der Entwicklungsfähigkeit liegen. Oft sind es aber so winzige Ereignisse, die die Begabung beeinflussen, daß man sie heute noch nicht bewußt einsetzen kann.

Persönlichkeitspsychologie

Die Persönlichkeitspsychologie oder Persönlichkeitsforschung ist das jüngste Gebiet der theoretischen Psychologie — allerdings nur dem Namen nach. Diese Bezeichnung, die aus dem Amerikanischen kommt, bürgerte sich bei uns erst nach dem zweiten Weltkrieg ein. Sie trat an die Stelle der traditionsreichen deutschen „Charakterkunde" oder „Charakterologie".

Persönlichkeit oder Charakter?

Für viele Laien ist Charakterkunde die „eigentliche" Psychologie. „Er ist ein guter Psychologe", wenn wir das von einem Bekannten behaupten, meinen wir damit doch eigentlich, daß er ein guter „Menschenkenner" ist. Ein Mann also, der die Gabe hat, den Charakter anderer Menschen schnell und treffsicher zu beurteilen, und aufgrund seiner Fähigkeit der Menschenbeurteilung in der Lage ist, das Verhalten der „Durchschauten" vorherzusagen oder gar zu beeinflussen.

Um diese Gabe wird der „Psychologe" beneidet, und es geht von ihr große Faszination aus. Diese meist uneingestandene Faszination ist oft der Grund für einen jungen Menschen, Psychologie zu studieren: Er will berufsmäßiger, „diplomierter" Menschenkenner werden. Aus dem gleichen Grund ist es verständlich, wenn sich der Laie zunächst mehr für die Charakterkunde und nicht so sehr für die anderen Forschungsbereiche der Psychologie, wie zum Beispiel die Wahrnehmungs-, die Denk- oder die Lernpsychologie, interessiert.

Der Charakter ist es, der neben körperlichen Merkmalen die Menschen unterscheidet. Er macht sie liebens- oder hassenswert, lebhaft oder ruhig, überlegen oder hilflos, anspruchsvoll oder bescheiden, ausgeglichen oder launisch, kontaktfähig oder gehemmt, hilfsbereit oder abweisend, vertrauensselig oder argwöhnisch, phantasievoll oder nüchtern, entschlossen oder zögernd, kompromißbereit oder rechthaberisch, harmonisch oder zwiespältig. Der Charakter gibt den Ausschlag dafür, wie ein Mensch sein Dasein gestaltet, schließlich auch, wie er seine soziale Umwelt beeinflußt.

Aber das Wort „Charakter" ist ein schillernder Begriff. Wir bezeichnen damit im weitesten Sinn eine bleibende, überdauernde Eigentümlichkeit, worin sich ein Ding von einem anderen unterscheidet. Nahezu jedem leblosen oder lebendigen Objekt — ob Landschaft, Pflanze, Tier, Mensch, Kunstwerk — kann man den Begriff „Charakter" zulegen. An diese Bedeutung des Wortes denken wir, wenn wir etwas „charakterisieren" oder etwas als „charakteristisch" bezeichnen.

Hat jeder Mensch „Charakter“?

Wenn wir aber von einem Menschen sagen, er habe „Charakter“, dann meinen wir, sein gesamtes Wollen und Handeln sei von bestimmten festen Grundsätzen und Leitlinien, zum Beispiel von Verantwortungsbewußtsein und Fleiß, gesteuert. Bei wem das nicht zutrifft, der ist „charakterlos“: labil, unzuverlässig. Wer sich von falschen Grundsätzen leiten läßt, hat einen „schlechten“ Charakter. Stehen zwei bestimmende Grundsätze in Widerspruch zueinander, spricht man von „zwiespältigem Charakter“. Und von diesen Widersprüchen oder vom Widerstreit zwischen Grundsatz (also dem Wollen) und dem Handeln (oder Handelnkönnen) sind zum Beispiel die meisten großen Gestalten der Weltliteratur bestimmt.

Als die wissenschaftliche Charakterologie begann, mußte sie wie jede Wissenschaft zunächst mit der Sammlung von Fakten und Beschreibungen des Vorfindbaren anfangen. Erst danach kann eine Wissenschaft zum systematischen Ordnen, zu Erklärungsversuchen und zur Bildung von Gesetzen übergehen. Die ersten „Charakterforscher“ konnten sich die Faktensammlung weitgehend ersparen: Dichter, Schriftsteller und Historiker hatten ihnen in Dramen, Romanen und Biographien eine Fundgrube von Charakterbeschreibungen „zur Verfügung gestellt“.

Doch dieses Vorgehen hatte zwei Schwächen: Zunächst waren die Materialsammlungen nicht repräsentativ. Meistens war, im guten wie im schlechten Sinn, der außergewöhnliche Charakter dargestellt worden.

Die andere Schwäche wurde schon deutlich, als von „schlechtem Charakter“ oder von „Charakterlosigkeit“ die Rede war. Der Begriff ist zu stark mit Wertvorstellungen belastet. Wer in diesem Sinn von Charakter spricht, legt an ihn ethisch-moralische Maßstäbe an und macht ihn damit für eine objektive wissenschaftliche Betrachtung schwer zugänglich. Die moderne Psychologie deutete deshalb den Charakterbegriff weiter als den ethisch-moralischen, nämlich wertfrei.

In der psychologischen Charakterkunde ist *Charakter* die *individuelle Wesensart eines Menschen.*

Was ist mit „Wesensart“ gemeint? Das Verhalten und Erleben eines Menschen ist ein Geschehen, ein Prozeß. Es wandelt sich von Augenblick zu Augenblick. Bei allem Wandel zeigt sich jedoch eine Tendenz zur Wiederkehr, eine gewisse Stabilität, eine Konstanz. Die Gesamtheit aller Gewohnheiten, Ziele, Motive und Einstellungen, die eine relative Konstanz haben und die typisch, „charakteristisch“ für einen Menschen sind, das ist es, was das Wesen, den Charakter — oder nennen wir gleich den modernen Begriff — die *Persönlichkeit* eines Menschen ausmacht.

Wir haben hier „Charakter“ und „Persönlichkeit“ gleichgesetzt. Doch in diesem Punkt besteht keine einhellige Meinung. Viele betrachten Charakter als einen Teilbereich der Persönlichkeit. Andere wiederum betrachten, von der Umgangssprache herkommend, Persönlichkeit wieder unter einem wertenden Aspekt, als etwas, das man — wie Charakter — „hat“ oder „nicht hat“. Nach dieser Bedeutung des Wortes ist (oder hat) man Persönlichkeit, wenn man in gewissem Maß anderen imponiert, im sozialen Bereich wirkungsvoll und durchsetzungsfähig ist oder eine bewundernswerte Eigenwilligkeit zeigt.

Die Hauptfragen der Persönlichkeitsforschung

Die Persönlichkeitspsychologie — und nicht anders früher die Charakterkunde — befaßt sich mit drei Problemkreisen:

Im Vordergrund steht die Frage nach der allgemeinen *Struktur der Persönlichkeit:* wie sich die Persönlichkeit als Gesamtheit, als kompliziertes Gefüge einander über- und untergeordneter Gewohnheiten, Verhaltens- und Erlebensweisen, Ziele und Motive zusammensetzt und wie sich Teilbereiche gegeneinander abgrenzen lassen. Bei der Suche nach einer Antwort entstand eine Fülle von einzelnen Persönlichkeitstheorien.

Nicht weniger wichtig ist die Frage nach der *Entwicklung der Persönlichkeit:* auf welche Weise sich einzelne Charakterzüge entwickeln und entfalten und welche Faktoren — Erbanlagen, Einflüsse der sozialen Umwelt, der Erziehung, prägende Erlebnisse — sie in ihrer Entwicklung beeinflussen. Hier überschneidet sich die Arbeit der Persönlichkeitspsychologie mit der der Entwicklungspsychologie. Die Anlage-Umwelt-Kontroverse, wie sie in Lernprogramm 6 auf dem Gebiet der Begabungsforschung geschildert wurde, ist für die einzelnen Bereiche der Persönlichkeit noch lange nicht entschieden.

Schließlich muß der Persönlichkeitspsychologe dem Wunsch — nicht nur der Laien — nachkommen, Wege und Methoden zu finden, den Charakter eines Menschen zu erkennen. Die Persönlichkeitsforschung versucht, der *psychologischen Diagnostik* das theoretische Fundament für die Persönlichkeitsdiagnostik zu geben.

Persönlichkeitstheorien

Charakterologie und Persönlichkeitsforschung haben eine Vielzahl von Theorien über Struktur und Funktionen der Persönlichkeit erstellt, die sich nach verschiedenen Gruppen zusammenfassen lassen. Die wichtigsten sind:

1. *Typologische Theorien:* Sie beruhen auf der häufig zu machenden Erfahrung, daß trotz der unübersehbaren Fülle menschlicher Charaktereigenschaften bei einem Menschen ein Charakterzug so dominiert, daß er seine gesamte

Persönlichkeit prägt. Zeigen andere Menschen in auffälliger Weise gleiche oder ähnliche Eigenschaften, ordnet man sie sogleich diesem „Typus" zu. So versucht man dann, alle Menschen dem einen oder anderen von relativ wenigen Grundtypen zuzuordnen.

Eine der ältesten Typeneinteilungen, die des griechisch-römischen Arztes Galenus im 2. Jahrhundert nach Christus, hat sich bis heute gehalten. Er unterschied vier Typen: den „Sanguiniker", den „Choleriker", den „Melancholiker" und den „Phlegmatiker".

Eine moderne Typologie ist der Versuch Ernst Kretschmers, drei Grundtypen des Körperbaus (der Konstitution) bestimmte Charaktereigenschaften zuzuordnen. Er unterscheidet den untersetzten „pyknischen" Typ mit „zyklothymem" Wesen (schwankend zwischen Heiterkeit und Traurigkeit, gesellig, umgänglich), den schmalwüchsigen „leptosomen" Typ mit „schizothymem" Wesen (distanziert, ungesellig, kühl, kritisch, feinsinnig) und den muskulösen „athletischen" Typ mit „viskösem" Wesen (schwerfällig, solide, zuverlässig, teils phlegmatisch, teils explosiv).

Die behaupteten Zusammenhänge zwischen Körperbau und Charakter halten nach Meinung vieler Forscher der empirischen Überprüfung nicht stand. Auch an anderen Persönlichkeitstypologien wird heute Kritik geübt, so daß sie in der neueren Persönlichkeitsforschung kaum noch eine Rolle spielen.

2. *Schichtentheorien:* Sie gehen von einem vertikalen, stockwerkartigen Aufbau der Person aus. Diese Modellvorstellungen haben eine noch ältere Vergangenheit als die Typenlehren.

Plato unterschied drei übereinander angeordnete Persönlichkeitsbereiche: Die „Begierdeseele", aus der das sinnliche Begehren kommt, ist überlagert von der „Mutseele", aus der die höheren Antriebe, zum Beispiel der Wille, kommen, und an der Spitze steht die „Verstandesseele", die auf Wahrheit und Erkenntnis ausgerichtet ist.

Aristoteles spricht von der „Pflanzen-", der „Tier-" und der „Vernunftseele"; der jeweils höher angeordnete Teil ist auch der entwicklungsgeschichtlich jüngere.

Die Schichtentheorien dieses Jahrhunderts knüpfen an diese und viele andere philosophisch-spekulative Vorstellungen vom Schichtenaufbau der Persönlichkeit an. Tiefenpsychologische Vorstellungen — etwa Freuds „Es", „Ich" und „Über-Ich", C. G. Jungs Schichtenlehre vom „kollektiven Unbewußten", „persönlichen Unbewußten", „Bewußtsein" und „Ich" — beeinflußten sie.

Den meisten Schichtentheorien ist gemeinsam, daß „Tiefen-" oder „Es-Schichten", die das Triebgeschehen und Gefühlsleben bestimmen, von „Person-" oder „Ich-Schichten" überlagert sind, die das Denken und bewußte Wollen repräsentieren. Dabei ist man der Meinung, daß die „tieferen" Schichten stammesgeschichtlich älter, stärker erbmäßig angelegt und widerstandsfähiger bei Persönlichkeitskrisen sind als die jüngeren, mehr umweltbestimmten und labileren „höheren" Schichten.

Mit empirisch-experimentellen Methoden konnten die Schichtentheorien noch nicht sicher bestätigt werden. Die Hirnphysiologie hat jedoch herausgefunden, daß die Funktionen, die den „Tiefenschichten" zugesprochen werden, meist auch in stammesgeschichtlich älteren Hirnregionen lokalisiert sind.

3. *Sozialpsychologische Persönlichkeitstheorien:* Die Erkenntnisse der Tiefenpsychologie, der Kulturanthropologie, der Soziologie, der Sozialpsychologie und des Behaviorismus haben vor allem in den Vereinigten Staaten zu einer Reihe von Persönlichkeitstheorien geführt, denen eines gemeinsam ist: Eine Verantwortung der Erbanlagen für das Zustandekommen einer individuellen Persönlichkeitsstruktur wird weitgehend abgelehnt.

Der Mensch wird als hilfloses Wesen in eine bestimmte soziale und kulturelle Umwelt hineingeboren. Er braucht zu seinem Überleben die Hilfe und Fürsorge seiner Familie und später der sozialen Gruppen, denen er jeweils angehört. Die Menschen in seiner Umwelt sind es aber, mit denen er in ständiger Wechselwirkung steht, denen er sich anpassen muß, deren Verhaltensweisen und Normen er übernimmt, die bewußt oder unbewußt Lernprozesse auslösen und steuern und die so seine Persönlichkeitsentwicklung bestimmen.

Den Verfechtern sozialpsychologischer Persönlichkeitstheorien wird oft vorgehalten, Menschen, die in ein und derselben Umwelt aufwachsen, müßten die gleiche Persönlichkeit entwickeln. Man muß jedoch berücksichtigen, daß für keine zwei Individuen die sozialen Bedingungen völlig identisch sind. Darüber hinaus sind die Einflüsse zum Beispiel des Erziehungsverhaltens der Eltern auf die Persönlichkeitsbildung heute unbestritten.

4. *Faktorenanalytische Persönlichkeitstheorien:* Mit verschiedenen diagnostischen Verfahren werden bei vielen Individuen einzelne Persönlichkeitseigenschaften gemessen. Mit der mathematisch-statistischen Methode der „Faktorenanalyse" kann man nun verschiedene allgemeine Persönlichkeitsfaktoren oder -dimensionen ermitteln, die jeweils mehreren spezifischen Eigenschaften zugrunde liegen.

Der Engländer Hans-Jürgen Eysenck, ein bedeutender Vertreter der faktoriellen Persönlichkeitstheorien, kommt so zum Beispiel zu vier „Sektoren" der Persönlichkeit, denen er die gefundenen Dimensionen zuordnet: den „kognitiven Sektor" mit den Dimensionen der Intelligenz, den

„konativen Sektor“ mit den Dimensionen des Charakters, den „affektiven Sektor“ mit den Dimensionen des Temperaments und den „somatischen Sektor“ mit den Dimensionen der Konstitution.

Den faktorenanalytischen Theorien macht man den Vorwurf, daß sie jeweils nur den augenblicklichen Zustand der Persönlichkeit angeben und daß sie keine tiefere „Erhellung“ des Charakters und der dynamischen Beziehung zwischen den einzelnen Eigenschaften ermöglichen. Bislang liefern sie aber die einzigen Persönlichkeitsmodelle, die der psychologischen Diagnostik eine exakte und objektive Erfassung einer individuellen Persönlichkeit erlauben.

Lernprogramm 7

Wie sich Freud den Aufbau der Person vorstellte

1 Genauso wie Freud zeitlebens an der Weiterentwicklung der Methoden der Psychoanalyse gearbeitet hat, versuchte er auch, ein immer zutreffenderes Modell der Persönlichkeit aufzustellen. Erst nach 1923 hat er ihm seine endgültige Gestalt gegeben. In dieser letzten Form, die auch von den meisten seiner Schüler übernommen wurde, lassen sich drei „Instanzen“ der Persönlichkeit unterscheiden: *Es*, *Ich* und *Über-Ich*.

Wenn Sie sich an die Schilderungen der verschiedenen Persönlichkeitstheorien erinnern: Welcher Gruppe von Theorien läßt sich Ihrer Meinung nach eine solche „Instanzentheorie der Persönlichkeit“ zuordnen?

☐ A Den typologischen Theorien.
☐ B Den Schichtentheorien.
☐ C Den sozialpsychologischen Theorien.
☐ D Den faktorenanalytischen Theorien.

B ist richtig:
Man kann sie zu den *Schichtentheorien* zählen. Meist bildet man jedoch eine eigene Kategorie, die der „tiefenpsychologischen Persönlichkeitstheorien“.

2 Nicht alle drei Persönlichkeitsinstanzen sind gleich bei der Geburt des Menschen schon vorhanden. Bei den meisten Schichtentheorien sind die „tieferen“ Schichten auch die entwicklungsgeschichtlich älteren. Das gilt nicht nur für die Stammesgeschichte, sondern auch für die individuelle Entwicklung.

Überlegen Sie, in welcher Reihenfolge sich im Laufe der Entwicklung die drei Instanzen herausbilden:

1. ....
2. ....
3. ....

Die Entwicklungsreihenfolge (und damit auch die Reihenfolge der Schichtung von „unten“ nach „oben“) ist: *Es — Ich — Über-Ich.*

3 Wir haben die drei Bereiche der Persönlichkeit bisher als „Instanzen“ bezeichnet. Dieser Begriff besagt noch nicht viel. Im Lexikon wird er als „zuständige, verantwortliche Stelle“ definiert.

Können Sie sich vorstellen, wofür Persönlichkeitsinstanzen wie Es, Ich und Über-Ich verantwortlich sind?

☐ A Für Wahrnehmung, Denken und Lernen.
☐ B Für alle unbewußten Vorgänge im Menschen.
☐ C Für das Verhalten des Menschen.

C ist richtig.

Nach elementarer Triebbefriedigung strebt *das Es.*

4 Persönlichkeit drückt sich letztlich im Verhalten eines Menschen aus. Die Tiefenpsychologie versucht, den Menschen von den Beweggründen seines Verhaltens, den Motiven aus zu verstehen. Die drei Persönlichkeitsinstanzen sind als Bereiche aufzufassen, die jeweils ein eigenes, von den anderen unabhängiges Motivationssystem darstellen.

Die Instanz, der die elementaren Bedürfnisse nach Triebbefriedigung entstammen, ist ....

Das Es will nichts als *Lust (Triebbefriedigung);* es vertritt – um mit Freud zu sprechen – das „Lustprinzip".

5 Wenn wir unter dem Druck eines noch nicht befriedigten Triebes stehen, verspüren wir eine mehr oder weniger starke Unlustspannung. Triebbefriedigung erleben wir als lustvolle Entspannung. Wer je bei einem Säugling den Wechsel zwischen diesen beiden Zuständen beobachtet hat, versteht, warum Freud zu der Auffassung kam, das Neugeborene sei zunächst nichts als ein „Es":

Wie der Säugling will auch das Es als Instanz der erwachsenen Persönlichkeit nichts anderes als ....
....

Das *Ich* ist die neue Instanz, die – beim kleinen Kind allerdings noch unvollkommen – die bewußte Orientierung an der Realität ermöglicht. Das Ich repräsentiert das *Realitätsprinzip.*

6 Doch die Wirklichkeit ist nicht so beschaffen, daß sie immer und überall unsere Triebwünsche erfüllt. Auch der Säugling wird sehr bald mit der Realität konfrontiert: Er bekommt nicht mehr bei der leisesten Hungerregung die Brust oder Flasche, er muß Versagungen, Enttäuschungen hinnehmen. Der Säugling wird sich seiner Grenzen bewußt – im wahrsten Sinne des Wortes.

In dieser Auseinandersetzung mit der Realität lernt der Säugling nämlich, die Umwelt bewußt wahrzunehmen, und gleichzeitig, seine Motorik zu beherrschen, mit der die direkte Umsetzung von Triebwünschen in Aktivitäten verzögert oder gehemmt werden kann.

Eine neue Instanz, die diese Funktionen ausübt, ist entstanden: das .... Es vertritt das „.................................... (Lust-/Realitäts-)prinzip".

7 Bisher war es das Ich, das die Ansprüche des Es an den Möglichkeiten der Umwelt maß und teils unterdrückte, teils zur Verwirklichung freigab. Bald aber, wenn zum Beispiel die Reinlichkeitserziehung beginnt, tritt die Außenwelt in Gestalt der Mutter mit Forderungen an das Ich heran.

Das Ich hat nun mit Wünschen fertig zu werden, die aus zwei Richtungen kommen:

1. ....
2. ....

Ansprüche an das Ich stellen:
1. von innen das *Es* mit seinen Triebwünschen;
2. von außen die *Umwelt* mit ihren Geboten und Verboten.

8 Das Kind gehorcht den Geboten und Verboten seiner Eltern und verzichtet auf die Befriedigung mancher Bedürfnisse, weil es die Liebe seiner Eltern nicht verlieren will. Ein Kind ist ja völlig auf die Versorgung durch sie angewiesen. Deshalb fühlt es sich bedroht, wenn sie zornig sind, weil ihnen sein Verhalten nicht paßt.

Das Motiv, auf die Forderungen seiner Eltern Rücksicht zu nehmen, ist also . . .

☐ A die Angst vor Liebesverlust.
☐ B der Wunsch nach Liebe.
☐ C das Es mit seinen Triebwünschen.

A ist richtig.

9 Und nun geschieht etwas Eigenartiges. Zunächst ist das Kind nur dann fügsam, wenn die Eltern anwesend sind und die direkte, unausgesprochene Drohung des Liebesverlustes im Raum steht. Schließlich gehorcht das Kind aber auch, wenn die Eltern nicht dabei sind. Es ist so, als würde das Kind im Innern ihre Stimme hören, die ihm einflüstert, was verboten und was erlaubt, was richtig und was falsch ist.

Was so — durch einen Vorgang, den die Tiefenpsychologie mit „Internalisierung" bezeichnet — entstand, ist eine neue Instanz: das ....

Durch Internalisierung der Gebote und Verbote der Eltern bildet sich das *Über-Ich*.

Das Über-Ich vertritt das *Moralitätsprinzip*.

10 Das Es als Triebquelle ist in der Freudschen Theorie durch die Erbanlagen vorgegeben und ändert sich im Verlauf des Lebens nicht mehr. Dagegen repräsentiert das Über-Ich die prägenden Einflüsse der sozialen Umwelt auf die Persönlichkeit. Der Mensch übernimmt die Normen und moralischen Prinzipien der Familie und später der Gemeinschaften, in denen er jeweils lebt.

Das Über-Ich entspricht weitgehend dem, was wir gewöhnlich Gewissen nennen. Es vertritt das ,,.. (Realitäts-/Moralitäts-/Lust-)prinzip".

B ist richtig.

11 Das Über-Ich des Kindes bildet sich nun meist nicht so, daß es einfach das Vorbild der Eltern internalisiert. Gewöhnlich wird es nach dem Vorbild des elterlichen Über-Ichs aufgebaut: Die Eltern tragen nämlich die Normen und moralischen Forderungen an ihr Kind heran, die sie in der Auseinandersetzung mit ihren eigenen Erziehern erworben haben.

So ist es zu erklären, daß das Über-Ich . . .

☐ A in seinem Moralitätsprinzip eigentlich genau die Forderungen der unmittelbaren Realität vertritt.

☐ B das Über-Ich zum Repräsentanten der über Generationen tradierten Normen einer Kultur oder Gesellschaft wird.

1. Vom *Es*,
2. vom *Über-Ich*,
3. von der *Außenwelt*.

12 Sie haben gesehen, welch schwierige Rolle Freud dem Ich in seinem Persönlichkeitsmodell zuweist. Es wird von drei Seiten ,,unter Druck gesetzt":

1. vom ....und seinen Triebwünschen,

2. vom .... und seinen moralischen Normen,

3. von der .... und dem, was sie fordert und als realisierbar zuläßt.

13 Das Ich steht im Mittelpunkt der Persönlichkeitstheorie Freuds. Das Ziel jeder vernünftigen Erziehung und der therapeutischen Bemühungen der Psychoanalyse besteht darin, das Ich zu stärken, damit es in den permanenten Konflikten mit dem Es und dem Über-Ich besteht.

Warum ist es so notwendig, gerade das Ich zu stärken — und nicht das Es oder das Über-Ich?

☐ A Meist ist es für den Menschen das günstigste und vernünftigste, sich den Realitäten anzupassen; Es und Über-Ich fordern hingegen oft Unrealistisches.

☐ B Weil die meisten Triebwünsche, die aus dem Es kommen, unmoralisch sind, und weil das Über-Ich meist übertriebene, unerfüllbare Forderungen stellt.

A ist richtig.

14 Es gibt Menschen, die jedem Verlangen, jedem Triebimpuls nachgeben und handeln, wie sie gerade Lust haben. Dabei nehmen sie keine Rücksicht auf die Realität und schaden sich selbst und ihren Mitmenschen.

Bei diesen Menschen siegt das .... über das ....

Das *Es* siegt über das *Ich*. Man spricht in einem derartigen Fall von einer zu „schwachen Ich-Funktion".

15 Ein anderer Mensch befolgt vielleicht das Gebot „Du sollst nicht lügen" zu streng. Obwohl eine kleine Notlüge die Situation gerettet hätte, bringt er sich gerade dadurch in Schwierigkeiten, daß er der Stimme seines Gewissens starr gehorcht.

Hier wurde ein Konflikt zwischen .... und .... zugunsten des .... entschieden.

Der Konflikt zwischen *Ich* und *Über-Ich* wurde zugunsten des *Über-Ich* entschieden.

Neurotische Angst: Übermächtigkeit der *Triebwünsche* (des Es). Moralische Angst: strafendes *Über-Ich.*

16 Doch auch ein starkes Ich kann zu Komplikationen führen. Es und Über-Ich widersetzen sich, wenn ihre Wünsche nicht berücksichtigt werden. Sie mobilisieren „neurotische" oder „moralische" Ängste.

Eine „neurotische Angst" entsteht aus der Furcht vor der Übermächtigkeit der ....

Eine „moralische Angst" kommt aus der Furcht vor dem strafenden ....

C ist richtig.

17 Gegen diese Ängste wehrt sich das Ich. Es setzt dann eine Reihe von „Mechanismen" der Angst-Abwehr in Gang. Der bekannteste Abwehr-Mechanismus ist dabei (Sie kennen ihn bestimmt) . . .

☐ A die Angst.
☐ B die Triebbefriedigung.
☐ C die Verdrängung.

18 Die psychoanalytische Theorie kennt eine ganze Reihe von Abwehrmechanismen, die das Ich gegen Es und Über-Ich ins Feld führt. Die meisten Menschen bevorzugen „ihre" ganz charakteristischen Abwehrtechniken, und manche davon sind typisch für bestimmte Krankheitsbilder.

Die individuelle Persönlichkeit wird geprägt

- von der Konfliktdynamik zwischen den drei Instanzen,
- von den Formen der Bewältigung der Konflikte,
- von der Art, in der entstehende Angst abgewehrt wird.

Die Konflikte sind auch verantwortlich für eine Reihe von tiefergehenden Persönlichkeitsstörungen — Neurosen und Psychosen —, die die Freudsche Psychoanalyse zu beheben versucht.

Sozialpsychologie

Psychologie als Sozialpsychologie?

Der Mensch ist ein soziales Wesen. Niemand kann ohne den Kontakt mit anderen existieren, von der ersten Stunde des Lebens an: Menschen garantieren das Überleben des Säuglings. Die soziale Umgebung bestimmt die Entwicklung der Persönlichkeit. Durch die Beziehung zu anderen erwirbt der Mensch alle Fertigkeiten und Informationen, die er braucht, um in der Welt zu bestehen. Er benötigt sein Leben lang den Mitmenschen, um seine Wünsche und Bedürfnisse befriedigen zu können. Der andere wird zur Quelle des Glücks oder des Unglücks.

Um so erstaunlicher ist, daß die Sozialpsychologie als die Wissenschaft, die sich mit den sozialen Einflüssen auf Entwicklung und Verhalten des Menschen und die Rückwirkungen auf die Gesellschaft befaßt, jünger ist als unser Jahrhundert: Das erste Lehrbuch der Sozialpsychologie erschien 1908 in den USA

Bis in die jüngste Zeit bestand bei vielen Psychologen die Tendenz, das Individuum losgelöst von allen sozialen Einflüssen zu betrachten: so, als seien die Entwicklungsbedingungen für die Persönlichkeit und für einzelne psychische Funktionen allein im einzelnen Menschen angelegt und als entstünden alle Bedingungen des menschlichen Verhaltens gleichsam „von innen heraus". Manches an dieser Einstellung ist sicherlich auf einen etwas einseitig „erbtheoretischen" Standpunkt in der „Anlage-Umwelt-Kontroverse" zurückzuführen. (Im Kapitel über Entwicklungspsychologie sind wir darauf eingegangen.)

Heute besteht vielfach der umgekehrte Trend: Viele Sozialpsychologen betrachten die gesamte Psychologie als eine Wissenschaft, die in keinem Teilbereich gesellschaftliche Einflüsse unberücksichtigt lassen kann. Die Gegenstände der Allgemeinen Psychologie — Wahrnehmen, Denken, Lernen, Motivation — und erst recht die psychische Entwicklung des Menschen sowie Struktur und Dynamik der Persönlichkeit können gar nicht isoliert von sozialen Bedingungen untersucht werden. Die gesamte Psychologie wird als Sozialpsychologie aufgefaßt.

Eine Sozialpsychologie im engeren Sinn läßt die vier Gebiete der Allgemeinen Psychologie sowie die Entwicklungs- und Persönlichkeitspsychologie jedoch durchaus als eigenständige Teilbereiche der Psychologie gelten. Sie berücksichtigen ja jeweils die Abhängigkeit von sozialen Faktoren. So verstanden läßt sich die Sozialpsychologie als die *Psychologie des Individuums in der Gesellschaft* bezeichnen, als *die Wissenschaft vom Verhalten und Erleben, wie es durch die — reale oder vorgestellte — Anwesenheit anderer beeinflußt wird.*

Die Forschungsgebiete der Sozialpsychologie

Die wichtigsten Bereiche der sozialpsychologischen Forschung sind:

1. *Die Sozialisierung.* Unter diesem Begriff werden alle Prozesse zusammengefaßt, die dazu führen, daß ein Mensch — vor allem als Kind, aber auch ein Leben lang als Erwachsener — sich den sozialen Erfordernissen der Umwelt anpaßt. Um in Beziehung mit anderen zu leben, ist das Individuum darauf angewiesen, sich die Normen und Verhaltensregeln seiner sozialen Umwelt zu eigen zu machen, sie zu „internalisieren".

Die Internalisierung, die durch verschiedene Formen des Lernens erfolgt, spielt eine wichtige Rolle bei der Entwicklung zum Menschen generell, bei der Entwicklung zum typischen Angehörigen eines Kulturkreises — einer Nation, einer sozialen Schicht, einer Berufsgruppe — und schließlich bei der Prägung der individuellen Persönlichkeit. (Siehe auch Lernprogramm 7.)

2. *Die soziale Interaktion.* Menschen beeinflussen einander durch verschiedene Formen ihres Verhaltens zueinander. Die wichtigste Form dieser „Interaktion", des wechselseitig aufeinander bezogenen Verhaltens, ist die *Kommunikation.* Ohne sie ist ein gemeinsames Verhalten mehrerer Menschen, das auf ein Ziel gerichtet ist, nicht denkbar. Die Sozialpsychologie befaßt sich mit dem Verhalten und Erleben der „Sender" und „Empfänger" von Nachrichten. Sie untersucht zugleich die Inhalte, Medien und Auswirkungen der Kommunikation.

3. *Die soziale Wahrnehmung.* Die individuellen Wahrnehmungsprozesse und das Bewußtsein des Menschen werden von persönlichen und immer auch von sozialen Faktoren beeinflußt. Motive, Erwartungen, Erfahrungen, Werte und Verhaltensnormen des Wahrnehmenden selbst und seiner Mitmenschen formen sein Bild der Welt. Gegenstände und Menschen werden zum Beispiel anders wahrgenommen und beurteilt, wenn andere Personen anwesend sind. Der Forschungsbereich der „sozialen Wahrnehmung" untersucht die Bedingungen, unter denen das für das Zusammenleben so wichtige Bild des anderen zustande kommt.

4. *Die Struktur und Dynamik von Gruppen.* Menschen leben in Gruppen zusammen: in der Familie, in der Schule, am Arbeitsplatz, in der Freizeit. Die Aktionen und Reaktionen der einzelnen Gruppenmitglieder beeinflussen sich wechselseitig. Die Sozialpsychologie untersucht zum Beispiel:

- die Entstehungsbedingungen von Gruppen,
- die Rollen, die der einzelne dabei in den Gruppen übernimmt,

- die Formen der Interaktion in unterschiedlichen Gruppen und zwischen Gruppen,
- die Bildung gemeinsamer Verhaltensnormen,
- die Über- und Unterordnung der Gruppenmitglieder,
- die Veränderung des individuellen Verhaltens bei Wechsel der Gruppenzugehörigkeit.

5. *Soziale Einstellungen.* Kaum ein Begriff nimmt in der amerikanischen Sozialpsychologie der letzten 50 Jahre — und zunehmend auch in der deutschen — eine so zentrale Stellung ein wie der der „Einstellung" oder „Attitüde" (englisch "attitude"). Unter Einstellung versteht der Sozialpsychologe jene Bedingungen, die einen Menschen veranlassen, Objekten der Umwelt gegenüber in einer bestimmten Weise Stellung zu nehmen.

Solche „Objekte der Umwelt" können Gegenstände, Menschen, Gruppen von Menschen, Sachverhalte, Ideen und Ideologien sein. Wir haben eine Einstellung zu politischen Parteien, zum Krieg, zur Todesstrafe, zum Sozialismus, zu Gastarbeitern, zu bestimmten Nahrungsmitteln, zur Polizei, zu Flugreisen, zur Außenpolitik, zum Umweltschutz, zu einer Automarke. Man könnte die Aufzählung beliebig fortsetzen.

Die individuelle Einstellung eines Menschen zu einem Objekt zeigt sich nicht in einer einmaligen Handlung oder Stellungnahme. Gekennzeichnet wird sie durch eine gewisse Konstanz in den Anschauungen, den Äußerungen und im Verhalten gegenüber dem jeweiligen „Objekt". Weil Einstellungen verhältnismäßig dauerhaft sind, kann man das Verhalten und das Erleben eines Menschen, das auf einer bestimmten Einstellung beruht, grundsätzlich auch vorhersagen, wenn man die Einstellungen des Menschen kennt. Und die Kenntnis der Einstellungen eines Menschen vermittelt ein recht gutes Bild der individuellen Persönlichkeit, so daß man die Einstellungen zu den Persönlichkeitseigenschaften zählen kann.

Die drei Komponenten der sozialen Einstellung

Man unterscheidet an einer Einstellung drei Komponenten:

- Die *kognitive Komponente* einer Einstellung beruht auf dem Wissen, der Meinung oder den Vorstellungen über das Objekt einer Einstellung. Man „weiß" etwas über den Sachverhalt oder glaubt, sich ein Urteil bilden zu können.
- Die *affektive* (oder *gefühlsmäßige*) *Komponente* beruht darauf, daß bei der Begegnung oder auch nur der gedanklichen Beschäftigung mit dem Einstellungsobjekt regelmäßig bestimmte Gefühle — positive oder negative — auftreten. Der Gegenstand, auf den sich die Einstellung bezieht, „läßt einen nicht kalt".
- Die *Aktionskomponente* bestimmt die Tendenz, gegenüber dem Einstellungsobjekt nicht passiv bleiben zu können. Je nachdem, ob die affektive Komponente positiv oder

negativ gefärbt ist, zeigt sich die Bereitschaft, das Objekt zu verteidigen, zu fördern oder es zu bekämpfen, zu schädigen, zu zerstören. Man spürt: „Hier muß man doch etwas tun!"

Warum befaßt sich die Sozialpsychologie mit der Erforschung der Einstellungen — und nicht die Motivations- oder Persönlichkeitspsychologie? Die individuellen Einstellungen kennzeichnen eine Persönlichkeit. Die Entwicklung der Einstellungen ist aber — anders als die mancher Persönlichkeitszüge — allein von der Umwelt, und zwar der sozialen und kulturellen, bestimmt. Eine Einstellung kann sich nur bilden, wenn der Mensch mit dem Objekt der Einstellung eigene Erfahrungen macht oder — und das ist meist der Fall — sie von seiner engeren sozialen Umgebung „fertig" übernimmt. Einstellungen sind also Ergebnisse von Sozialisierungsprozessen. Daß unterschiedliche Menschen auch meist unterschiedliche Einstellungen besitzen, liegt daran, daß individuelle Eigenschaften, Motive, Erfahrungen und bereits bestehende Einstellungen nicht ohne Einfluß sind.

Einstellungen spielen bei der Begegnung des Individuums mit seiner sozialen Umwelt eine wichtige Rolle: Sie haben eine gewisse Filterfunktion. Sie bestimmen zum Beispiel, von welchen Dingen es sich lohnt, Notiz zu nehmen, und von welchen nicht. Sie ermöglichen eine rationelle und einheitliche Stellungnahme in neuen Situationen. Und sie regulieren die Anpassung an andere Menschen: Ohne erst in umfangreichen Meinungsaustausch treten zu müssen, weiß man aufgrund gleicher oder ähnlicher Einstellungen der Bezugsperson, welche Überzeugungen, Gefühle und Verhaltensweisen jeweils erwünscht oder unerwünscht sind. Wenn man feststellt, daß man die gleichen Einstellungen besitzt wie der Freund oder Nachbar, befriedigt das und schafft ein starkes Gefühl der Zusammengehörigkeit.

Auf der Basis von Einstellungen entstehen starke Bindungen an andere Menschen, an Gruppen, Werte und Ideologien. Da der Mensch diese Bindungen nur ungern aufgibt, ist es verständlich, daß Einstellungen sich nicht leicht wandeln. Wenn man die Einstellung eines Menschen ändern will, muß man versuchen, entweder die Einstellung der gesamten Gruppe zu ändern, oder den Menschen aus der Gruppe zu lösen und ihn an eine neue — mit anderen Einstellungen — zu binden.

Neben der großen Bedeutung für das menschliche Zusammenleben bringen Einstellungen auch große Gefahren mit sich: Wenn die kognitive Komponente einer Einstellung sich nicht mehr auf gesicherte Erfahrungen und objektive Sachverhalte stützt, sondern auf Fehlinformationen oder ungerechtfertigte Verallgemeinerungen, und wenn darüber hinaus die affektive Komponente — meist negativ getönt — stark in den Vordergrund tritt, entwickelt sie sich zum *Vorurteil.*

Vorurteile sind gegen Änderungen sehr widerstandsfähig. Jeder hat schon die Erfahrung gemacht, daß sachliche Information und Aufklärung wenig gegen ein Vorurteil ausrichten. Welche Auswirkungen Vorurteile auf das Verhalten gegenüber anderen Menschen haben können, besonders wenn sie sich auf Angehörige von Minderheiten und anderen Nationen beziehen, das braucht nicht erst erläutert zu werden. Es zeigt aber, daß es wichtig sein kann, unerwünschte Einstellungen zu ändern. Deshalb gehört zu den Aufgaben der Einstellungsforschung die Beantwortung der Fragen, ob man Einstellungen ändern kann, wodurch und in welchem Maß sie beeinflußbar sind und wie man die Bildung neuer, erwünschter Einstellungen anregen kann.

Einer der ersten, der eine Theorie über die Wechselwirkung zwischen Einstellung und wirklichem Verhalten aufstellte, experimentell untersuchte und dabei zeigte, unter welchen Bedingungen sich Einstellungen ändern, war der amerikanische Sozialpsychologe Leon Festinger. Seine „Theorie der kognitiven Dissonanz", die er 1957 veröffentlichte, wollen wir in Lernprogramm 8 vorstellen.

Lernprogramm 8

Lassen sich Vorurteile manipulieren?

1. Die *Aktions*komponente; sie kennzeichnet, was Herr A in Bezug auf XYZ gern täte oder tatsächlich tut.

2. Die *kognitive* Komponente; sie kennzeichnet sein Wissen, seine Meinungen und Überzeugungen über XYZ.

3. Die *affektive* Komponente; sie kennzeichnet seine heftigen Emotionen und Gefühle gegenüber XYZ.

1 Erinnern Sie sich noch an die drei Komponenten, die eine Einstellung charakterisieren? Die Sozialpsychologie unterscheidet

- die kognitive Komponente,
- die affektive Komponente,
- die Aktionskomponente.

Herr A. hat eine negative Einstellung zur XYZ-Partei. Sie äußert sich in drei typischen Formen. Versuchen Sie zu definieren, um welche Komponente es sich dabei jeweils handelt:

1. Herr A. liest mit großem Interesse jeden Zeitungskommentar, der an der XYZ kein gutes Haar läßt. Bei Gemeinde-, Landtags- und Bundestagswahlen wählt er natürlich nie die XYZ. Das kennzeichnet die .... Komponente.

2. Herr A. ist überzeugt davon, daß die XYZ-Partei einer Demokratisierung der Gesellschaft im Wege steht. Er hat auch schon gehört, daß sie einseitig die Interessen von Bevölkerungsgruppen vertritt, denen er sich nicht zugehörig fühlt. Es handelt sich hier um die .... Komponente.

3. Sobald jemand in einer Unterhaltung das Thema XYZ anschneidet, wird Herr A. erregt und zornig. Wenn er in der Morgenzeitung liest, daß die Wahlchancen der XYZ steigen, ist ihm gleich der ganze Tag verdorben. Das ist typisch für die .... Komponente seiner Einstellung.

Herr A. könnte zum Beispiel bei der nächsten Wahl *der XYZ seine Stimme geben* (oder im Gespräch äußern, die XYZ hätte eigentlich ein ganz vernünftiges Programm).

2 Normalerweise sind die drei Komponenten einer Einstellung „konsistent“: Es besteht kein Widerspruch zwischen ihnen, sie stimmen überein. Genauso konsistent mit einer Einstellung ist meistens eine Handlung, die sich auf das Objekt einer Einstellung bezieht.

Ist es nun denkbar, daß diese Konsistenz einmal durchbrochen wird? Daß etwa Herr A. etwas unternimmt, was in Widerspruch zu seiner Einstellung steht?

Überlegen Sie sich als Beispiel eine Handlung, die sich mit der Einstellung von Herrn A. zur XYZ-Partei nicht verträgt:

....

....

3 Nun, daß jemand etwas tut, was im Widerspruch zu einer seiner Einstellungen steht, ist natürlich denkbar. Interessant wäre aber, was dann geschieht, wenn sich eine solche „Inkonsistenz" ereignet.

Um das zu untersuchen, führte Leon Festinger zunächst den Begriff des „*kognitiven Elements*" ein. Damit kann ein Wissen oder eine Meinung über sich selbst, über die Umwelt, über eine Einstellung, über das eigene Verhalten, kurz jeder der Person bewußte Sachverhalt gemeint sein.

Wir hatten Herrn A. unterstellt, daß bei ihm Inkonsistenz zwischen zwei kognitiven Elementen besteht: nämlich zwischen

1. seiner .... und

2. der Tatsache, daß er ....

In Widerspruch stehen die kognitiven Elemente (1.) *negative Einstellung zur XYZ* und (2.) die Tatsache, daß er *XYZ gewählt hat.*

4 Eine solche Inkonsistenz zwischen zwei (oder mehr) kognitiven Elementen bezeichnet Festinger als *kognitive Dissonanz*.

Wenn zum Beispiel Herr B. weiß, daß er ein starker Raucher ist (Element 1), andererseits aber die Berichte akzeptiert, daß Rauchen zu Lungenkrebs führen könne (Element 2), dann stehen diese beiden kognitiven Elemente in dissonanter Beziehung.

Herr C., der stolz darauf ist, Nichtraucher zu sein (Element 1), liest einen Bericht über die angeblich krebserzeugende Wirkung des Rauchens (Element 2). Diese beiden Elemente stehen bei ihm in harmonischer Beziehung, in „kognitiver Konsonanz".

Man kann also sagen, daß kognitive Dissonanz immer dann besteht, . . .

☐ A wenn man keine Vorurteile hat.

☐ B wenn sich eine Einstellung geändert hat.

☐ C wenn aus einem vorhandenen kognitiven Element eigentlich das Gegenteil eines vorhandenen anderen kognitiven Elements folgen müßte.

☐ D wenn sich ein kognitives Element 1 mit einem kognitiven Element 2 gut vereinbaren läßt.

C ist richtig.

Bei kognitiver Dissonanz ist der Mensch motiviert, die *Dissonanz* zu reduzieren und kognitive *Konsonanz* herbeizuführen.

Eine kognitive Dissonanz — der Widerspruch zwischen zwei kognitiven Elementen — ist einem Menschen nicht gleichgültig. Es entsteht ein unangenehmes Gefühl der Spannung.

Von dieser Spannung geht eine starke Motivation aus, den Grad der .... zu reduzieren und möglichst einen Zustand der kognitiven .... zu erreichen.

1. B
2. C
3. A
4. C

Zur Verringerung der Dissonanz gibt es drei verschiedene Wege:

A *Änderung eines Verhaltens* — genauer des Wissens um ein Verhalten.

B *Abänderung eines anderen kognitiven Elements*, zum Beispiel einer Information.

C *Hinzufügung neuer kognitiver Elemente.*

Kennzeichnen Sie bitte mit A, B oder C, für welchen Weg Herr B., der starke Raucher, sich jeweils entscheidet, . . .

1. wenn er die Berichte über die krebserzeugende Wirkung in Zweifel zieht — etwa mit der Bemerkung, daß viele Ärzte starke Raucher sind: ....

2. wenn er behauptet, daß Rauchen auf ihn entspannend wirke, also seiner Gesundheit förderlich sei: ....

3. wenn er sich das Rauchen abgewöhnt: ....

4. wenn er meint, eigentlich sei die Luftverschmutzung in den Großstädten verantwortlich für die Zunahme der Krebssterblichkeit: ....

7 Die Theorie der kognitiven Dissonanz kann zur Erklärung vieler Aspekte des menschlichen Verhaltens herangezogen werden. Besonders interessant ist sie für die Vorhersage von Einstellungsänderungen.

Man kann aus der Theorie beispielsweise folgende These ableiten:

- Wird ein Mensch veranlaßt, etwas zu tun, was seiner Einstellung widerspricht, wird er sie in Richtung größerer Konsonanz mit seiner Handlung verändern.

Es gibt bekanntlich Kinder, die keinen Spinat mögen. Man könnte sagen, sie hätten eine „negative Einstellung gegenüber Spinat".

Wenn man die Kinder nun dazu bewegt, doch einmal Spinat zu essen, wird die Einstellung gegenüber Spinat ....

Die Einstellung gegenüber Spinat wird *positiver;* denn nur so kann die kognitive Dissonanz zwischen dem kognitiven Element „Ich mag Spinat nicht" und dem Element „Ich weiß, daß ich Spinat gegessen habe" verringert werden.

8 Mit bestimmten Methoden kann man die Stärke einer Einstellung messen, also feststellen, *wie* positiv oder negativ sie ist. Man hat in diesem Experiment die Stärke der Einstellung vor und nach dem Spinatessen gemessen. Und den einzelnen Kindern bot man unterschiedlich hohe Belohnungen dafür an, daß sie Spinat aßen.

Man könnte den Einstellungswandel der Kinder — psychologisierend — nun folgendermaßen erklären: Der Spinat bekommt einen gewissen Nutzen oder Wert für das Kind, da er mit einer Belohnung assoziiert wird. Was würden Sie folgern?

Die Einstellung änderte sich um so mehr in Richtung „positiv", je .... (höher/niedriger) die Belohnung war.

Haben Sie „höher" geantwortet?
Das scheint zwar logisch, steht aber im Widerspruch zur Dissonanztheorie.
In Wirklichkeit war der Einstellungswandel um so größer, je *niedriger* die Belohnung war.
Warum das so ist, soll ein anderes Experiment erläutern.

1. Die Einstellung:
Das Experiment ist stumpfsinnig.

2. Die Handlung:
Experiment als interessant darstellen.

9 Festinger machte folgenden Versuch: Studenten nahmen an einem äußerst stumpfsinnigen und ermüdenden Experiment teil. Danach bat man jeden, die nächste Versuchsperson hereinzuführen und ihr zuvor zu erklären, wie angenehm und spannend das Experiment sei. Dafür bot man den Studenten der einen Gruppe jeweils 1 Dollar, denen der anderen 20 Dollar.

Erklären Sie, welche kognitiven Elemente hier zunächst bei beiden Gruppen in Dissonanz standen:

1. Die Erfahrung (oder Einstellung): ....
....

2. Die Handlung: ....
....

Die Dissonanz wird *geringer*, die Motivation zur Einstellungsänderung ist *schwächer*.

10 Jetzt kommt aber der Faktor Belohnung ins Spiel.

Eine kognitive Dissonanz ist am größten, wenn die beiden in Widerspruch stehenden Elemente gleich stark und gleich bedeutsam sind. Was geschieht, wenn eines der beiden kognitiven Elemente — durch Druck oder Belohnung — stärker oder wichtiger wird?

Die Dissonanz zwischen Einstellung und Handeln wird .... , und die Motivation zur Einstellungsänderung ist ....

B ist richtig:
Die 1-Dollar-Studenten mußten schließlich zur Dissonanzverringerung einfach an das glauben, was sie getan hatten.
Die 20-Dollar-Studenten konnten zur Rechtfertigung vor sich selbst sagen: „Bei einer so großen Summe kann man ja nicht nein sagen — meine Überzeugung berührt das selbstverständlich nicht!"

11 Die Belohnung stärkt nun das kognitive Element „Experiment als interessant darstellen", und zwar um so mehr, je höher sie ist.

Sie können den Ausgang des Versuchs jetzt selbst aufgrund der Theorie vorhersagen:

Zum Schluß wurden die Studenten über ihre Einstellung zum Experiment befragt. Welche Gruppe beurteilte da wohl das langweilige Experiment als „eigentlich doch recht interessant"?

- ☐ A Die Studenten, die 20 Dollar bekommen hatten.
- ☐ B Die Studenten, die 1 Dollar bekommen hatten.

12 Bei niedriger Belohnung ist die Dissonanz zwischen Einstellung und Handeln so groß, daß sie durch Änderung der Einstellung verringert werden muß.

Wenden Sie diese Gesetzmäßigkeit auf ein Beispiel an: Herr K. hat sich einen Gebrauchtwagen gekauft. Es handelt sich um ein Fabrikat, zu dem er bisher eine äußerst negative Einstellung hatte. Wann dürfte sich seine Einstellung eher in positiver Richtung ändern?

☐ A Wenn er an einen sehr gewandten Verkäufer geraten ist, so daß er im Vergleich zu anderen Angeboten verhältnismäßig viel bezahlt hat.

☐ B Wenn es sich um ein besonders günstiges Angebot handelte und er den Wagen preiswerter als jede andere Marke der gleichen Klasse bekommen hat.

Im Fall A; denn hier ist die „Belohnung" relativ gering — im Gegenteil: Herr K. mußte „draufzahlen". Das kann er zur Verringerung der Dissonanz vor sich nur dadurch rechtfertigen, daß er eine positivere Einstellung zu diesem Fabrikat entwickelt.

13 Versuchen Sie nun, die wichtigsten Regeln zusammenzustellen, die aus Festingers Theorie abgeleitet werden können:

Regel 1:
Um einen Menschen zur Änderung einer Einstellung zu bringen, muß man ihn grundsätzlich veranlassen,

....

....

....

. . . *eine Handlung zu vollbringen, die in Widerspruch (in Dissonanz) zu der Einstellung steht.* Diese Dissonanz kann nur durch Einstellungsänderung reduziert werden.

14 Erinnern Sie sich noch einmal an das Experiment mit den Studenten, und ergänzen Sie auch diese Regel:

Regel 2:
Die — relative — Belohnung, die den Menschen zu dieser Handlung bewegen soll, muß ...., damit die Einstellungsänderung .... ist.

Die Belohnung muß *relativ gering sein* — am günstigsten gerade eben so groß, daß die Handlung überhaupt vollzogen wird. Dann ist die Einstellungsänderung *am größten.*

15 So einfach — und gleichzeitig erschreckend — diese „Regeln für Manipulatoren" klingen: Es ist doch sehr schwer, außerhalb des Labors der Sozialpsychologen Einstellungen zu manipulieren. Unsere Erfahrungen mit Rauchern zum Beispiel zeigen, daß einstellungs- und verhaltenskonträre Informationen nicht zur Kenntnis oder nicht ernstgenommen werden, um kognitiver Dissonanz aus dem Weg zu gehen.

In der Praxis ist es selten, daß feinabgestufte Belohnungssysteme zur Verfügung stehen, die gerade mit der richtigen schwachen Dosierung ein einstellungskonträres Verhalten hervorrufen. Es lohnt sich aber zu wissen, daß nicht der massive Druck die größte Wirkung zeigt.

Diagnostische Psychologie

Die vielen Urteile, die überall und jeden Tag über andere Menschen abgegeben werden, bestehen oft aus einer Summe von Fehlurteilen. Und am glaubwürdigsten wirken gerade die Fehlurteile, die mit besonderer Vehemenz und Überzeugungskraft vorgetragen werden.

Die Diagnostische Psychologie ist heute in der Lage, gerechtere Methoden der Menschenbeurteilung zur Verfügung zu stellen mit den verschiedensten Testverfahren, die geeicht, gültig und zuverlässig sind. Die Entwicklung eines solchen Tests ist allerdings langwierig, schwierig und teuer. Deshalb ist vieles, was den Namen „Test" trägt, nicht viel mehr wert als eines der üblichen Fehlurteile.

Wir haben uns in den ersten acht Kapiteln und Lernprogrammen mit den wichtigsten Teilgebieten der theoretischen Psychologie befaßt. In den letzten vier Kapiteln wollen wir den Boden der „reinen" Wissenschaft verlassen und uns mit der Anwendung psychologischer Erkenntnisse auf die Praxis beschäftigen: mit der *Angewandten Psychologie.*

Was heißt Psychodiagnostik?

Der praktische Psychologe sieht sich einer großen Konkurrenz gegenüber. Er wird meist in solchen Bereichen tätig, auf denen der Laie selbst sich für zuständig hält. In der Erziehung, in der Menschenführung in Schule und Betrieb, bei der Berufswahl und Eignungsauslese, bei Familien- und Eheberatung.

Diese Konkurrenz ist nicht verwunderlich. Wir alle sind tagtäglich gewungen, genau das zu tun, was der Psychologe auch tut: die Motive unserer Mitmenschen zu erkennen, ihr Verhalten zu erklären und unser eigenes Verhalten entsprechend auszurichten, das heißt, unsere Mitmenschen entsprechend zu „behandeln". Aufgabe des Psychologen ist es, die Urteile, auf denen dieses Handeln gründet, besser zu fundieren und Ratschläge zu geben, wie das Handeln wirksamer gestaltet werden kann.

Wenn wir die Hauptaufgaben des praktischen Psychologen in der „Menschenkenntnis" und der „Menschenbehandlung" sehen, wird deutlich, welche wichtige Rolle die psychologische Diagnostik spielt.

In fast allen Lexika und Handbüchern der Psychologie wird „Psychodiagnostik" (oder „psychologische Diagnostik" beziehungsweise „diagnostische Psychologie") definiert als

- *die Gesamtheit aller Verfahren, welche der Erkundung der psychischen Eigenart von Individuen dienen, zum Beispiel ihrer Persönlichkeit, ihrer Fähigkeit, ihres voraussichtlichen Verhaltens.*

Zweck dieser Erkundung ist es — ähnlich wie bei der medizinischen Diagnose — Anhaltspunkte für die optimale Behandlung von Menschen zu finden. Unter „Behandlung“ versteht der Psychodiagnostiker erzieherische oder pädagogische Maßnahmen, Ausbildungs- und Schulungsmaßnahmen, Eignungsauslese für bestimmte Arbeitsplätze und berufliche Positionen, aber auch Therapie im engeren Sinn, etwa von Verhaltensstörungen. Der zweite Zweck der psychologischen Diagnose ist die Kontrolle des Erfolgs oder Mißerfolgs dieser „Behandlungen“.

Der erste Eindruck — stets der richtige?

Jeder von uns ist in diesem Sinn gelegentlich ein Psychodiagnostiker, der sich ein Urteil über Persönlichkeit und Fähigkeiten anderer Menschen bildet und sie dann entsprechend behandelt oder Behandlungen vorschlägt. Die meisten halten sich für gute Diagnostiker. Nach einer Umfrage unter Abiturienten halten 60 Prozent den „ersten Eindruck“ für den grundsätzlich richtigen. Und sie lassen sich in ihrem Verhalten von dem Urteil, das sie sich ganz intuitiv in sehr kurzer Zeit von einem bis dahin unbekannten Menschen bilden, auch leiten.

Wenn der erste Eindruck diesen hohen diagnostischen Wert hätte, wäre eigentlich eine wissenschaftlich fundierte Psychodiagnostik überflüssig. Es wäre aber auch nicht zu erklären, wie das jahrtausendealte Bedürfnis entstehen konnte, mit Hilfe der verschiedensten Verfahren Aufschluß über seinen Mitmenschen und sich selbst zu bekommen. Denn für viele gilt ja das hohe Alter etwa der Astrologie oder der Handlesekunst als Beweis für deren Gültigkeit. Oder sie haben ganz feste Vorstellungen darüber, welche Entsprechungen zum Beispiel rotes Haar, große Nase, angewachsene Ohrläppchen, hohe Stirn oder schmale Lippen in Charakter und Fähigkeiten eines Menschen finden.

Doch auch wer sich ernsthaft um ein Urteil über Eigenschaften und Fähigkeiten anderer Menschen bemüht oder es von Berufs wegen fällen muß — als Lehrer, Vorgesetzter oder Richter etwa —, läuft Gefahr, Fehlurteile abzugeben, ja, er kann sich gar kein völlig objektives und präzises Urteil bilden. Der Beweis: Verschiedene Beurteiler kommen zu unterschiedlichen Urteilen.

Fehlerquellen des diagnostischen Urteils

Typische Fehlerquellen sind:

- Der *unterschiedliche Informationsgrad.* Der Beurteiler kennt gewöhnlich nur einen kleinen Ausschnitt aus der Gesamtheit des Verhaltens, das der Beurteilte zeigt, und meistens nicht den gleichen wie andere Beurteiler.
- *Vorurteile* und *logische Fehler.* Man glaubt, aus der Alltagserfahrung zu wissen, daß bestimmte Eigenschaften immer zusammen auftreten oder daß charakterliche Merkmale bestimmten körperlichen entsprechen. Der Ehrgeizige

zum Beispiel wird eher auch als mißtrauisch und nicht als gutgläubig eingestuft.

- Der *Halo-* („Hof-“, „Umfeld-“)*Effekt.* Man läßt sich bei der Beurteilung einzelner Eigenschaften von vorher bekannten Tatsachen über die Person (etwa, daß der Beurteilte vorbestraft ist), von bestimmten hervorstechenden Merkmalen (gut gekleidet oder lange Haare) oder vom „Gesamturteil“ (etwa sympathisch und intelligent) leiten.
- Der *Strenge-* und der *Milde-Effekt.* Manche Beurteiler neigen generell dazu, Menschen zu großzügig und milde, andere wiederum, sie zu streng zu beurteilen. Hierunter fällt auch die Tendenz, Menschen, die einem selbst ähnlich oder besonders sympathisch sind, besser zu beurteilen.
- Der *Kontrast-* und der *Ähnlichkeits-Effekt.* Einige Beurteiler schreiben den Beurteilten eher Eigenschaften zu, die denen des Beurteilers entgegengesetzt sind. Andere „projizieren“ eigene, oft uneingestandene Eigenschaften in den Beurteilten.
- Die *Tendenz zur Mitte* und die *Tendenz zum Extrem.* Manche Beurteiler legen sich ungern fest, scheuen extreme Beurteilungen, besonders bei Werturteilen, und zeichnen so von allen Beurteilten fast gleiche, durchschnittliche Persönlichkeitsbilder. Andere neigen zu Extremen und übertreiben die Ausprägung einzelner Merkmale.

Der „gute Psychologe“ — ein Opfer der Urteilsfehler

Diese Fehlerquellen verfälschen nicht nur Beurteilungen durch Laien. Auch der „gelernte“ Psychologe unterliegt ihnen, besonders wenn er seine Diagnose auf wissenschaftlich nicht genügend abgesicherte diagnostische Verfahren stützt. Er kann jedoch versuchen, sich dieser „Fußangeln“ bei der Auswertung von Untersuchungsergebnissen bewußt zu sein oder sie bei der Entwicklung und Anwendung von Verfahren von vornherein möglichst zu umgehen.

Wir alle haben in unserem Bekanntenkreis jemanden, dem man gute Menschenkenntnis nachrühmt. Viel von dem, was diesen sogenannten „guten Psychologen“ ausmacht, besteht gerade in einer besonders ausgeprägten Neigung zu einem dieser Fehler. Nur wird er dann nicht „Halo-Effekt“ oder „logischer Fehler“ genannt, sondern „Intuition“, „Eingebung“, „Lebenserfahrung“. Der Erfolg beruht in diesen Fällen meist nicht auf der objektiven Richtigkeit der Urteile, sondern darauf, daß sie selbstbewußt und mit besonderer Überzeugungskraft vorgetragen werden und daß wir die Urteile akzeptieren, weil wir alle mehr oder weniger den gleichen logischen Fehlern unterliegen: Wir nehmen als wahr und erwiesen, was im Grunde nur „logisch“, „plausibel“ oder unmittelbar einsichtig erscheint.

Die Methoden der Psychodiagnostik

Dem Psychodiagnostiker steht eine breite Palette von diagnostischen Methoden zur Verfügung, die weit über den unsicheren ersten Eindruck als Erkenntnisquelle hinausgehen.

Es ist nicht leicht, in die Vielfalt der Verfahren eine systematische Ordnung zu bringen. Neben den klassischen, teils noch recht unwissenschaftlichen Methoden, auf die der Psychologe sein diagnostisches Urteil stützt, entstanden etwa seit der Jahrhundertwende eine Fülle von verschiedensten Tests, deren Zahl heute auf weit über 10 000 angewachsen ist.

Die folgende Klassifikation soll einen groben Überblick über die *psychodiagnostischen Verfahren* vermitteln:

1. *Verhaltensbeobachtung*
2. *Diagnostisches Gespräch*

○ *Anamnese* (Ermittlung der „Vorgeschichte" des Untersuchten durch Lebenslaufanalyse und Befragung)
○ *Exploration* („Ausforschung" durch gezielte, planvolle Befragung)
○ *Ausdrucksanalyse*
○ *Mimik, Gestik, Stimme*
○ *Handschrift*
○ *Zeichnerische Gestaltung*

4. *Persönlichkeitstests* (sie dienen der Ermittlung von *Eigenschaften, Einstellungen, Motiven* oder *Interessen)*

○ *Projektive Tests* (Diese Tests — wie zum Beispiel der Rorschach-Test — beruhen auf dem tiefenpsychologischen Mechanismus der „Projektion": Die Testperson projiziert unbewußte Affekte, Motive und andere psychische Inhalte in das Testmaterial.)
○ *Fragebogentests*

5. *Fähigkeitstests*

○ *Allgemeine Intelligenztests*
○ *Entwicklungstests* (zum Beispiel Schulreifetests)
○ *Kenntnistests*
○ *Allgemeine Leistungstests* (zum Beispiel Aufmerksamkeits-, Konzentrations-, Reaktionstests)
○ *Spezielle Fähigkeitstests* (zum Beispiel zur Prüfung von Sinnesleistungen, Geschicklichkeit, Berufseignung, speziellen Begabungen)

Ökonomisch testen — Kosten und Nutzen beachten

In der Praxis der diagnostischen Psychologie hat sich in den letzten Jahren ein Wandel vollzogen. Früher war es das Bestreben des Psychodiagnostikers, von jedem „Probanden" (so nennt man die zu untersuchenden Personen) ein möglichst umfassendes Bild der Gesamtpersönlichkeit mit allen ihren Aspekten zu entwerfen. Dieses vollständige „Persönlichkeitsgutachten" tritt heute mehr und mehr in den Hintergrund. Der Grund dafür: Es ist zu teuer, wenn es wirklich zuverlässig und annähernd „richtig“ sein soll. Und es ist meist auch überflüssig, wenn es nicht spielerischer Selbstzweck sein soll.

Der moderne Psychodiagnostiker versteht sich als Technologe, der — genau am jeweiligen Zweck orientiert — so ökonomisch wie möglich vorgeht. Im Vordergrund stehen Zweck und Nutzen des diagnostischen Prozesses. Dabei wird zunächst gefragt, wozu die Diagnose dienen soll:

- zur Bereitstellung von Informationen für bestimmte, eng umgrenzte Entscheidungen (Berufswahl, Eignungsauslese, zweckmäßigste Behandlung);
- zu Voraussagen über Entwicklung, Leistung, Verhalten in bestimmten Situationen beziehungsweise Krankheitsverlauf und Genesungschancen (etwa in Schule, Betrieb, Klinik);
- zur Erklärung eines bestimmten Verhaltens (so für Gerichtsgutachten).

Erst dann wird entschieden, ob ein diagnostisches Verfahren überhaupt lohnt. Wenn diese Frage mit ja beantwortet wird, wird das Verfahren angewendet, bei dem Kosten und Nutzen im günstigsten Verhältnis stehen.

Die Kosten, die bei der Anwendung eines Tests entstehen, sind relativ leicht zu ermitteln. Schwieriger wird es, wenn es darum geht, die Brauchbarkeit des Tests abzuschätzen. Worauf es bei der Beurteilung der Güte eines Tests ankommt, soll Lernprogramm 9 zeigen.

Lernprogramm 9

10 000 Tests — und was leisten sie?

A ist richtig:
In erster Linie ist jedes diagnostische Verfahren, das die Bezeichnung „Test" verdient, ein *Meßinstrument.*

1 Sie haben bestimmt schon einmal grübelnd oder auch schwitzend einen Test bearbeitet. Vielleicht haben Sie ihn auch mit viel Neugier absolviert, gespannt, was dabei über Sie herauskommt. Sie haben so sicherlich schon Ihre eigenen Erfahrungen mit dem einen oder anderen Persönlichkeits- oder Intelligenztest machen können.

Wissen Sie auch, was ein Test für den Diagnostiker ist? Schätzen Sie:

☐ A Ein Meßinstrument.
☐ B Ein Schlüssel zur Gesamtpersönlichkeit.
☐ C Eine Art Quiz.
☐ D Eine Art Lernprogramm.

C stimmt.
Als Norm für das Längenmaß „ein Meter" gilt das Ur-Meter; alle Meter dieser Welt haben die gleiche Länge.

2 Wie man mißt, das wußten die Menschen eigentlich schon viele Jahrhunderte lang. Sie maßen Strecken zum Beispiel mit Schritten, mit ihrem Fuß, dem Unterarm — der „Elle" — oder der gespreizten Hand. Auch Sie hätten Ihren Kleiderstoff damals sicher bei dem Händler gekauft, der den längsten Arm hatte.

Wenn wir heute drei Meter Stoff kaufen wollen, können wir zu jedem Kaufmann gehen. Wir können uns darauf verlassen: überall bekommen wir gleich viel Stoff. Und wir wissen, warum:

☐ A Weil jedes Meter 100 Zentimeter hat.

☐ B Weil jeder Kaufmann gelernt hat, wie lang ein Meter ist.

☐ C Weil jedes Meter am Ur-Meter in Paris geeicht ist.

3 Wie mißt man nun mit einem Test? Ganz einfach. Man zählt zunächst. Zum Beispiel die richtigen Aufgabenlösungen in einem Intelligenztest oder die Ja-Antworten, die ein Proband in einem Persönlichkeitsfragebogen gegeben hat. So erhält man eine Maßzahl.

Doch die Maßzahl allein tut's nicht. Beim Messen von Strecken sagt die Zahl allein auch nicht aus, ob es sich um Ellen oder Handbreiten oder Zentimeter handelt. Ein Mensch, der vom Diagnostiker wissen will, wie intelligent er ist, wäre enttäuscht, wenn er erfährt: „Nun, Sie haben 84 Aufgaben richtig gelöst."

Damit ein Test als .... brauchbar ist, muß er — wie beispielsweise das Längenmaß — .... sein.

Wie jedes *Meßinstrument* muß auch ein Test *geeicht* sein.

4 Sie glauben nicht so recht daran? Denken Sie nach: Proband Meyer hat 56 Aufgaben eines Intelligenztests gelöst und Proband Schmidt 91. Wir wissen nun, daß Schmidt intelligenter ist als Meyer.

Wissen wir aber, *wie* intelligent die beiden nun tatsächlich sind?

☐ A Ja; denn Schmidt hat sich als intelligenter erwiesen.

☐ B Nein; denn wir wissen ja gar nicht, ob Schmidt überdurchschnittlich intelligent und Meyer unterdurchschnittlich intelligent ist oder ob beide über (oder unter) dem Durchschnitt liegen.

☐ C Nein; denn wir wissen nicht, wieviel Aufgaben der Test überhaupt hatte. Und darauf käme es ja an.

B ist richtig.
So eine Maßzahl nützt nicht viel, solange man die Vergleichsbasis nicht kennt.

Schmidt ist *intelligenter* und Meyer *weniger intelligent* als der *Durchschnitt.*

5 Ein Test muß geeicht werden. Dazu braucht man eine Vergleichsbasis, eine Norm, ein „Ur-Meter“. Was ist die Norm eines Tests? Zur Ermittlung der Norm wird die „Gesamtheit aller Personen, für die der Test gelten soll“ genommen. Das könnten zum Beispiel alle deutschen Abiturienten oder Schulanfänger oder alle Stellenbewerber in einem Betrieb sein.

Aus diesem Personenkreis nimmt der Testautor eine genügend große, repräsentative Stichprobe, die „Eichstichprobe“, und testet sie. Er könnte nun am Beispiel unseres Intelligenztests feststellen, daß etwa im Durchschnitt 65 Aufgaben richtig gelöst wurden. Jetzt wird einiges schon genauer bestimmbar. Nämlich:

Schmidt mit seinen 91 Richtiglösungen
ist ....
und Meyer mit 56 Lösungen ist ....
als der .... der Stichprobe.

Klar: *50* Prozent haben einen höheren IQ als 100, und *50* Prozent haben einen niedrigeren IQ, wenn der Durchschnitts-IQ als 100 definiert wird.

6 „Durchschnitt“ bedeutet bei unserer Eichstichprobe auch: 50 Prozent der Getesteten sind intelligenter als die, welche genau 65 Aufgaben gelöst haben, und 50 Prozent sind weniger intelligent. Dieser Durchschnitt — so hat man sich geeinigt — hat *einen Intelligenz-Quotienen (IQ) von 100.*

Einen IQ über 100 haben demnach .... Prozent der Getesteten und einen niedrigeren IQ .... Prozent.

7 Aber diese Norm genügt dem Diagnostiker noch nicht. Es wurde weiter festgelegt:

- Wenn ein Proband intelligenter als 25 Prozent der Eichstichprobe und weniger intelligent als 75 Prozent ist, bekommt er einen IQ von 90.
- Ein Proband, der einen IQ von 110 haben soll, muß intelligenter als 75 Prozent und weniger intelligent als 25 Prozent der Eichstichprobe sein.

Mit Hilfe von Rechenverfahren und Tabellen kann man nun für die „Rohwerte" (also die jeweilige Anzahl von Richtiglösungen) von Meyer, von Schmidt und allen anderen Probanden jeweils genau den entsprechenden „Prozentrang" und den IQ angeben.

Damit hätten wir die erste Güteanforderung an unseren Test erfüllt: Der Test ist *geeicht.*

Vorausgesetzt werden muß natürlich, daß die Stichprobe, an der wir unseren Test geeicht haben, auch ....
....
....

Die Eichstichprobe muß natürlich *dem Personenkreis entsprechen, für den der Test später gelten soll.* (Sie muß *repräsentativ* sein.)

8 „Messen, was meßbar ist, und das Nichtmeßbare meßbar zu machen" — mit dieser Maxime wollte Galilei ausdrücken, wonach jeder Erfahrungswissenschaftler und somit auch der Psychologe strebt: nach Exaktheit.

Wie man das Meßinstrument „Test" eicht, das wissen Sie nun. Mit der Angabe von Eichnormen bei einem Meßinstrument ist es jedoch nicht getan. Stellen Sie sich vor, auf einem Meßstab stünde zwar „Einheit: Meter; vom Hersteller persönlich am Ur-Meter in Paris geeicht", aber er wäre aus einem Material, das sich bei Wärme stark dehnt und bei Kälte schrumpft.

Denken Sie an das Streben des Wissenschaftlers nach Exaktheit, und entscheiden Sie, was der Diagnostiker deshalb als zweites von einem Test fordern muß:

☐ A Daß er aus dauerhaftem Material gefertigt ist.

☐ B Daß er als Meßinstrument zuverlässig ist.

☐ C Daß er auf die unterschiedlichsten diagnostischen Probleme anwendbar ist.

B ist richtig: Ein Test muß als Meßinstrument *zuverlässig* sein.

Dieser Test hat eine *geringe* Zuverlässigkeit.
(Machen Sie selbst einmal diesen Versuch, und prüfen Sie die Zuverlässigkeit von Illustriertentests oder Farbtests, indem Sie die Werte vergleichen, die Sie oder Ihre Freunde beim ersten und beim zweiten Mal erhalten!)

9 Der Diagnostiker legt Wert darauf, daß sein Meßinstrument nicht aus „Gummi“ ist. Deshalb möchte jeder Testkonstrukteur dem Diagnostiker glaubhaft versichern können, daß sein Test zuverlässig mißt.

Wie kann der Testkonstrukteur nun diese zweite wichtige Güteanforderung, die *Zuverlässigkeit* (man sagt auch „Reliabilität“), prüfen? Er wendet zum Beispiel das *Retest-Verfahren* an. Das heißt, derselbe Test wird innerhalb kurzer Zeit zweimal von derselben Probandenstichprobe bearbeitet.

Können Sie die Zuverlässigkeit bei folgendem Fall abschätzen? Herr Huber erhält bei der ersten Testung am Montag einen IQ von 112. Am Freitag, beim „Retest“ erreicht er einen IQ von 85.

Der verwendete Test hat eine ....
Zuverlässigkeit.

Das *Paralleltest-Verfahren* erbrachte am Beispiel, daß der geprüfte Wortschatztest nur *geringe* Zuverlässigkeit hat.

10 Das Retest-Verfahren hat allerdings einen Haken. Und der ist unser Erinnerungsvermögen. Das verfälscht womöglich die Meßergebnisse. Oder ein unterschiedliches Ergebnis ist darauf zurückzuführen, daß der Test zwar exakt mißt, das gemessene Merkmal sich in der Zwischenzeit aber geändert hat.

Um diese Faktoren auszuschalten, kann man verschiedene andere Methoden zur Zuverlässigkeitsprüfung anwenden. Zum Beispiel:

- Das *Testhalbierungs-Verfahren*. Aus einem Test werden für jeden Probanden die Werte für zwei „halbe“ Tests ermittelt, die aus jeweils gleichwertigen Aufgaben verschiedenen Inhalts bestehen.
- Das *Paralleltest-Verfahren*. Es wird ein zweiter Test mit gleichartigen, aber anderen Aufgaben erstellt.

Um welche Methode handelt es sich bei folgendem Beispiel?

Von 50 Wörtern eines Wortschatztests kann ein Proband 42 Wörter definieren. Von 50 anderen Wörtern aus denselben Sachbereichen kann er nur 28 Wörter definieren.

Es wurde hier das .... - Verfahren angewendet. Das Beispiel zeigt, daß dieser Test vermutlich .... (große/geringe) Zuverlässigkeit hat.

11 Die Zuverlässigkeit eines Tests kann also ermittelt werden. Sie wird in Zahlen ausgedrückt. Dazu bedient man sich des *Korrelationskoeffizienten*, der mit statistischen Verfahren berechnet wird. Er drückt aus, wie stark der Zusammenhang zwischen zwei Meßergebnissen ist.

Man mißt verschiedene Gegenstände, und genauso auch Probanden, zweimal. Sind die Ergebnisse der ersten Messung vollständig gleich mit denen der zweiten Messung, dann „korrelieren" die beiden Meßreihen zu 100 Prozent. Die Statistiker einigten sich für diesen Fall auf den Korrelationskoeffizienten *r = 1*.

Ergibt sich bei der zweiten Messung etwas völlig anderes, besteht also zwischen den beiden Meßreihen überhaupt kein Zusammenhang, dann korrelieren sie nicht miteinander. Der Korrelationskoeffizient ist dann *r = 0*.

Kreuzen Sie jetzt bitte die Korrelationskoeffizienten an, die eine sehr gute Übereinstimmung von Meßreihen ausdrücken:

☐ A r = 0,01 ☐ C r = 0,09 ☐ E r = 0,45
☐ B r = 0,87 ☐ D r = 0,92 ☐ F r = 0,28

B und D nähern sich am stärksten dem Wert r = 1. Sie deuten eine große Übereinstimmung an.

12 Bei einem guten Test ist stets die Zuverlässigkeit mit Korrelationskoeffizienten angegeben. Man nennt sie dann *Zuverlässigkeitskoeffizienten.*

Warum, fragen Sie vielleicht. Genügt denn nicht einfach die Angabe, der Test sei eben zuverlässig? Nun, der Diagnostiker, der aufgrund von Testergebnissen Entscheidungen zu treffen hat, muß natürlich auch wissen, *wie genau* er getestet hat und *wie zuverlässig* sein Test war. Er will wissen, ob der gemessene Wert sehr stark von dem mutmaßlichen wahren Wert abweicht. Sie können sich denken, welcher Schaden entstehen kann, wenn bei einem Probanden, der in Wirklichkeit einen IQ von 126 hat, mit einem unzuverlässigen Test ein IQ von 92 „gemessen" wird.

Bei einem der in Deutschland meistgebrauchten Intelligenztests finden wir folgende Angaben:

- „Testhalbierungs-Zuverlässigkeit: r = 0,969"
- „Retest-Zuverlässigkeit: r = 0,947"

Sagen Sie zunächst etwas über die Zuverlässigkeit dieses Tests aus: Er mißt . . .

☐ A hundertprozentig genau.
☐ B nicht hundertprozentig genau.

Die hundertprozentige Zuverlässigkeit wird ausgedrückt mit r = ...

B stimmt: Dieser bekannte Intelligenztest mißt *nicht hundertprozentig genau.* Sonst hätte er eine Zuverlässigkeit von r = *1,00.*

Je nachdem, welchen Zuverlässigkeitskoeffizienten man als Berechnungsgrundlage nimmt, liegt die wahre Intelligenz des Probanden zwischen *105* und *115*, zwischen *103* und *117*.
Nein, denn *die Bereiche, in denen der wahre IQ liegen kann, überschneiden sich.*

13 Nun ist das nicht weiter tragisch. Ein psychodiagnostischer Test ist kein physikalisch-technisches Meßinstrument. Außerdem kann der Diagnostiker mit Hilfe der präzisen Angaben der beiden Zuverlässigkeitskoeffizienten berechnen, innerhalb welchen Schwankungsbereiches der „wirkliche" IQ eines Probanden liegt, den er gerade getestet hat. Bei unserem Test liegt er mit 95prozentiger Sicherheit in einem Bereich von plus oder minus 5,1 um den gemessenen IQ (wenn man die Testhalbierungs-Zuverlässigkeit zugrunde legt) beziehungsweise von plus oder minus 6,7 (wenn man die Retest-Zuverlässigkeit zugrunde legt).

Hat also ein Diagnostiker für einen Probanden einen IQ von 110 gemessen, dann weiß er, daß dessen „wahre" Intelligenz etwa zwischen .... und ....
(oder zwischen .... und ....) liegt.

Halten Sie dann die Behauptung für sinnvoll: „Ich bin intelligenter als du; denn mein IQ ist 113 und Deiner nur 108"?
..........................; denn ....
....

Hatten Sie die drei Verfahren noch im Kopf?
Man prüft die Zuverlässigkeit mit
1. dem *Retest-*,
2. dem *Paralleltest-* und
3. dem *Testhalbierungs-*Verfahren.

14 Aber wann soll man bei einem Test überhaupt noch von Zuverlässigkeit sprechen, fragen Sie sich vielleicht nach diesen Rechenbeispielen. Das läßt sich nicht genau angeben. Intelligenztests sind im allgemeinen unbrauchbar, wenn die Zuverlässigkeit geringer als r = 0,8 ist. Bei anderen Verfahren darf die Grenze niedriger liegen, wenn keine zuverlässigeren Tests zur Verfügung stehen. Wichtig ist aber auch dann, daß der Diagnostiker weiß, wie sehr er sich auf die Genauigkeit seiner Messung verlassen kann.

Es gibt im übrigen nicht allgemein *die* Zuverlässigkeit eines Tests. Es muß immer angegeben werden, welche Zuverlässigkeit gemeint ist — oder genauer: mit welcher Methode sie ermittelt wurde.

Sie kennen drei wichtige Arten der Zuverlässigkeitsbestimmung:

1. das ....-Verfahren,
2. das ....-Verfahren,
3. das ....-Verfahren.

15 Wir reden die ganze Zeit vom Test und haben noch gar nicht definiert, was der Psychologe darunter versteht. Er definiert den Begriff „Test“ so:

- Ein wissenschaftliches diagnostisches Verfahren, das bei der zu untersuchenden Person ein meßbares Verhalten hervorruft, von dem man auf psychische Eigenschaften oder künftiges Verhalten schließen kann.

Wie man das Meßinstrument „Test“ eicht, wissen Sie nun. Wie man feststellt, ob es auch exakt und zuverlässig mißt, wissen Sie auch. Aber das wichtigste kommt erst noch: *Was* es mißt!

Was ein Test messen soll, sagt — ganz allgemein — die Definition: ....

Ein Test mißt *das Verhalten*, das er selbst hervorruft.

16 Es leuchtet ein, daß *ein* Test nicht alle Verhaltensweisen, die bei einem Menschen hervorgerufen werden können, messen kann.

Jeder Test gibt vor, etwas zu messen, etwa ob ein Kind schulreif ist, wie intelligent ein Studienanfänger ist, ob ein Bewerber Führungsaufgaben übernehmen kann, wie stark ein Mensch introvertiert oder extravertiert ist. Jetzt muß man nur wissen, ob ein Test tatsächlich das mißt, was er messen soll oder was er zu messen vorgibt. Der Diagnostiker muß wissen, welche *Gültigkeit* (man sagt auch „Validität“) ein Test hat.

Was meinen Sie: Läßt sich das dritte Gütemerkmal eines Tests, die Gültigkeit, leicht oder schwer ermitteln?

☐ A Die Gültigkeit ist wahrscheinlich genauso mit statistischen Verfahren zu ermitteln wie die Normen, auf die sich ein Test bezieht, oder seine Zuverlässigkeit.

☐ B Wie gültig ein Test ist, wird stets vom Testkonstrukteur mit angegeben, sonst würde kein Diagnostiker ihn anwenden.

☐ C Die Gültigkeit ist das problematischste und am schwersten zu ermittelnde Gütemerkmal.

Leider stimmt C.
Viele Tests werden seit Jahrzehnten angewendet, ohne daß je ihre Gültigkeit festgestellt wurde, und viele werden benutzt, bei denen die ermittelte Gültigkeit für ein sicheres diagnostisches Urteil bei weitem nicht ausreicht, obwohl die Testerfinder ihre ganze Kreativität einsetzen, um glaubhaft zu machen, was der Test alles „messen“ soll.

B ist richtig:
Die Gültigkeit einer Wettervorhersage wird natürlich am später eintretenden Wetter gemessen.

17 Vergleichen wir einmal einen psychologischen Test mit einer Wettervorhersage. Ist die Wettervorhersage *gültig*, dann . . .

☐ A sagt sie genau, wie das Wetter im Augenblick ist.

☐ B tritt das vorhergesagte Wetter mit hoher Wahrscheinlichkeit auch tatsächlich ein.

☐ C muß sie von der örtlichen Wetterstation gemacht werden.

Beispiel 1:
Der spätere *Berufserfolg*.
Beispiel 2:
Die Ergebnisse der *Abschlußprüfung*.

18 Wie gültig ein Test ist, kann man feststellen, wenn man das Testergebnis mit einem „Kriterium" vergleicht. Zwei Beispiele:
1. Man vergleicht zum Beispiel die Ergebnisse eines Berufseignungstests mit dem späteren Berufserfolg.
2. Oder ein Betrieb testet zum Beispiel Auszubildende vor Beginn der Lehrzeit. In der Abschlußprüfung wird folgendes festgestellt: Wer die besten Werte im Test hatte, schnitt auch bei der Abschlußprüfung am besten ab; wer durchschnittliche Testwerte erreichte, war durchschnittlich gut, und wer schlechte Testwerte hatte, war auch schlecht in der Abschlußprüfung. Man kann bei dieser Beobachtung sagen, der Test habe, auf die Abschlußprüfung bezogen, eine hohe Gültigkeit.

Der Diagnostiker spricht hier von *Kriteriengültigkeit*: Sie gibt an, wie gut der Test das, was man vorhersagen will, auch tatsächlich vorhersagt. Natürlich kann man nicht abwarten und nachträglich prüfen, ob das Prophezeite auch tatsächlich eintrifft. Wieder wird der Test an repräsentativen Stichproben erprobt, und man errechnet einen Korrelationskoeffizienten, diesmal den *Gültigkeitskoeffizienten.*

Nennen Sie bitte die beiden Kriterien, an denen in den genannten Beispielen ein Gültigkeitskoeffizient ermittelt werden kann:

Beispiel 1: ....
Beispiel 2: ....

19 Die Kriteriengültigkeit läßt sich übrigens nicht nur für psychodiagnostische Tests ermitteln, sondern für alle Verfahren, auf die sich diagnostische Urteile und Entscheidungen stützen.

Man könnte zum Beispiel prüfen, wie genau mit einem Abiturzeugnis tatsächlich das „gemessen" wird, was etwa Medizinstudenten für Fähigkeiten brauchen.

Wählen Sie das geeignete Kriterium: Man könnte den Notendurchschnitt korrelieren . . .

☐ A mit den Durchschnittsnoten im Examen nach Abschluß des Studiums.

☐ B mit der Zahl der Abiturienten, die tatsächlich zum Medizinstudium zugelassen werden.

☐ C mit einer Eignungsprüfung vor Studienbeginn.

A sollte man tun — sofern man überhaupt die Zulassungsentscheidung auf die Abiturnoten stützen will.

20 Auch bei der Gültigkeit gibt es unterschiedliche Arten und Ermittlungsverfahren. Die Kriteriengültigkeit ist das exakteste Gültigkeitsmaß, oft aber nur schwer und mit großem Zeitaufwand zu ermitteln.

Eine andere Art ist die *Inhaltsgültigkeit*. Was bedeutet das? Ein Schultest, der den Leistungsstand von Schülern ermitteln soll, ist zum Beispiel dann inhaltlich gültig, wenn seine einzelnen Aufgaben eine repräsentative Auswahl aus dem Unterrichtsstoff darstellen. Dann kann der Lehrer nämlich daraus schließen, daß die Schüler — in dem vom Test ermittelten Ausmaß — in der Lage sind, ähnlich beschaffene Aufgaben auch außerhalb der Testsituation zu lösen.

Eine Sekretärin soll eingestellt werden. Als Test läßt man sie eine Manuskriptseite mit der Schreibmaschine abschreiben. Man mißt die Zeit, die sie dafür braucht, und zählt die Tippfehler. Wofür ist dieser zweite Test inhaltlich gültig?

☐ A Für den voraussichtlichen Fleiß, mit dem sie arbeiten wird.

☐ B Für ihre Schnelligkeit und Zuverlässigkeit als Sekretärin.

☐ C Für das Ausmaß, in dem sie unter Streß arbeiten kann.

☐ D Für ihre Schnelligkeit und Genauigkeit im Maschinenschreiben.

D ist richtig: Der Test kann nur für das spätere Verhalten beim Maschinenschreiben repräsentativ sein.

A, D und E
sind Konstrukte, also hypothetische Eigenschaften. Man muß zunächst definieren, in welchen konkreten Verhaltenweisen sich solche Konstrukte ausdrücken und welche Art von Kreativität oder Intelligenz etwa gemeint ist.

21 Der Nachteil der Inhaltsgültigkeit: Es läßt sich kein Koeffizient ermitteln, mit dessen Hilfe der Diagnostiker abschätzen könnte, wie sicher sein Urteil ist.

Die dritte Art der Gültigkeit ist die *Konstruktgültigkeit.* Hier wird es besonders problematisch. Es ist nicht einfach meßbar, wie „ängstlich", wie „zuverlässig", wie „gefühlslabil" oder wie „extravertiert", aber auch wie „intelligent" ein Mensch ist. Denn psychische Eigenschaften sind ja nicht direkt beobachtbar wie konkretes Verhalten, sondern können nur aus dem Verhalten erschlossen werden.

Erst wenn der Psychologe praktisch und theoretisch einen Katalog verschiedenster Verhaltensweisen aufgestellt hat, in denen sich eine solche psychische Eigenschaft zeigt — etwa das „Konstrukt" Ängstlichkeit oder Intelligenz —, kann er versuchen, einen entsprechenden Test zu konstruieren.

Suchen Sie bitte aus folgenden Beispielen typische Konstrukte heraus:

☐ A Kreativität
☐ B Berufsleistung als Feinmechaniker
☐ C Prüfungserfolg nach Abschluß einer kaufmännischen Lehre
☐ D Ausdauer
☐ E Konzentrationsfähigkeit

22 Auch die Konstruktgültigkeit läßt sich nicht einfach mit einem Koeffizienten angeben. Erst wenn man ein Konstrukt präzise durch theoretische und empirische Analysen untermauert und das Testverhalten wiederum analysiert hat, kann man sagen, wie gut eine bestimmte Konstrukteigenschaft aus dem Testverhalten erschließbar ist, wieweit der Test also das Konstrukt mißt, das er zu messen vorgibt.

Sie haben mit diesem Lernprogramm sicher eines gelernt: Ein Test ist nicht die Stimme des Obersten Richters. Soll er die Wahrheit über uns sagen, dann muß er drei Gütemerkmale haben:

- Er muß *geeicht* sein.
- Er muß *zuverlässig messen.*
- Er muß *gültig* sein.

Sie haben aber auch erfahren, auf welch umständlichen Wegen diese Gütemerkmale ermittelt werden müssen und daß es sehr viel Geld verschlingt, einen guten Test zu konstruieren. Kein Wunder, daß es gute Tests noch nicht wie Sand am Meer gibt.

Pädagogische Psychologie

Die mangelnde Ausstattung des Menschen mit Instinkten, das heißt das Fehlen eines angeborenen Repertoires „richtiger", der Umwelt angepaßter Verhaltenweisen, wird ausgeglichen durch eine nahezu unbegrenzte Lernfähigkeit. Das aber macht den Menschen gleichzeitig wie kein anderes Wesen erziehungsbedürftig. Deshalb sind Lernprozesse für ihn zu bedeutsam, als daß man sie dem Zufall überlassen dürfte.

Braucht der Erzieher die Hilfe der Wissenschaft?

Damit haben wir „Erziehen" — oder „pädagogisches Handeln" — auch schon einmal andersherum definiert, nämlich als „Lernprozesse nicht dem Zufall überlassen".

Wir wissen heute: Milieu-Einflüsse und Erziehungsstil prägen entscheidend die Persönlichkeit des Menschen. Ohne breites Grundwissen, qualifizierte Ausbildung und lebenslanges Um- und Neulernen können wir in dieser immer komplizierter werdenden Welt nicht mehr bestehen.

Über pädagogisches Tun wurde nicht immer so viel nachgedacht wie gerade heute. Bis in unsere Tage wird noch vieles aus der Tradition abgeleitet oder von der aktuellen Situation diktiert: von der Ohrfeige, mit der man „unartiges" Verhalten abstellt bis zur Universitätsvorlesung, die eigentlich seit der Erfindung der Buchdruckerkunst überflüssig ist. Angehörige alter und neuer Erziehungsberufe verlangen nach erfahrungswissenschaftlicher Fundierung ihres Handelns:

- in der Vorschulpädagogik,
- in der Schul- und Hochschulpädagogik,
- in der Heil- und Sonderpädagogik,
- in der Sozialpädagogik,
- in der Erwachsenenpädagogik

(der „Andragogik"), besonders der beruflichen Aus- und Weiterbildung.

Auch bei den „Amateur-Erziehern", den Eltern, greift eine zunehmende Verunsicherung um sich, ob das eigene erzieherische Handeln noch richtig ist. Die Frage nach der „richtigen" Kindererziehung zum Beispiel ist heute eines der aktuellsten Themen. Hier wie in allen Lebensbereichen wächst das Bedürfnis nach Anleitung für die pädagogische Praxis und deren theoretischer Untermauerung.

Hilfe sucht die Pädagogik in den Wissenschaften vom Menschen — zum Beispiel in der Anthropologie — und besonders in der Wissenschaft vom menschlichen Verhalten, der Psychologie. Fast alle bedeutenden Pädagogen haben sich seit jeher, wenn es um die Rechtfertigung ihrer Prinzipien ging, auf *die* Psychologie berufen. Eine Psychologie aber als Erfahrungswissenschaft, die auf einer exakten naturwissenschaftlichen Methodik aufbaut, ist kaum ein Jahrhundert alt. Und noch jünger ist eine eigene Pädagogische Psychologie, die als anwendungsorientierte Teildisziplin sich um die psychologische Beschreibung und Erklärung des Menschen, der unter Erziehungseinflüssen steht, und um die Untersuchung der psychologischen Bedingungen von Erziehungsprozessen bemüht.

Heute erleben wir die „Emanzipation" dieser Teildisziplin: Die gegenwärtige Psychologie nähert sich, indem sie ihren Standort in der Gesellschaft und damit ihre gesellschaftliche Funktion überdenkt, in ihren Fragestellungen immer mehr den Fragen der Pädagogischen Psychologie. (Eine ähnliche Tendenz haben wir bereits im Kapitel über Sozialpsychologie kennengelernt.)

Die Hilfswissenschaften der Pädagogischen Psychologie

Psychologie als Pädagogische Psychologie? Nicht mehr als Wissenschaft vom Verhalten, sondern von den — manipulierbaren — Verhaltensänderungen? Noch ist es nicht soweit. Vorerst noch holt sie sich die Theorien und Befunde, die sie der Pädagogik zur Orientierung liefert, weitgehend aus den „klassischen" Gebieten der theoretischen Psychologie, die wir in den vorangegangenen neun Kapiteln vorgestellt haben:

- Die *Allgemeine Psychologie*, hauptsächlich mit ihren Teilgebieten Lern-, Denk- und Motivationspsychologie, kann klären helfen, von welchen Bedingungen Lernen abhängig ist, welche Denk- und Bewußtseinsprozesse im Lernenden vor sich gehen, welche hemmenden oder fördernden Faktoren und welche Motive im Erziehungsprozeß eine Rolle spielen. Sie gibt damit Hinweise, wie das Erziehen und Unterrichten effektiver gestaltet werden kann.
- Die *Entwicklungs-* und die *Persönlichkeitspsychologie* klären die Gesetzmäßigkeiten im Verhalten und Erleben der einzelnen Altersstufen und in der Entwicklung der verschiedenen für die Erziehung bedeutsamen Persönlichkeitseigenschaften.
- Die *Sozialpsychologie* erhält immer stärkere Bedeutung für die Pädagogische Psychologie, seit man weiß, in welch hohem Maß Unterschiede zwischen einzelnen Menschen auf unterschiedliche Milieubedingungen zurückzuführen sind. Außerdem setzen Erziehen und Unterrichten soziale Interaktion und Kommunikation voraus, und gruppendynamische Prozesse spielen eine wichtige Rolle in der Familie, in Schulklassen und Lerngruppen, in der Lehrer-Schüler-Beziehung.
- Die *Klinische Psychologie* hilft bei der Aufklärung von Ursachen und Folgen von Lernstörungen und Erziehungsschwierigkeiten sowie bei deren Behandlung.

- Die *Diagnostische Psychologie* stellt das methodische Instrumentarium für die Beurteilung des Entwicklungs- und Leistungsstandes, der Motive und der Interessen zur Verfügung und ermöglicht eine Kontrolle darüber, ob angestrebte Erziehungs- und Unterrichtsziele erreicht wurden.

Die Programmierte Instruktion

Die Praxis des pädagogischen Handelns wurde oft erneuert und reformiert — auch durch Einflüsse der Psychologie. Aber entscheidend beeinflußt hat die Psychologie die Pädagogik mit der „Erfindung" der Programmierten Instruktion. Erstmals entstand eine neue pädagogische Methode allein aufgrund der Ergebnisse exakter empirisch-psychologischer Forschung.

Worin liegt die große Bedeutung der Programmierten Instruktion?

Weniger in dem, was viele noch vor wenigen Jahren in der ersten Euphorie, andere aber auch mit großem Pessimismus prophezeiten:

- Bald würden 50 bis 80 Prozent des Unterrichtsstoffes durch Lernprogramme vermittelt werden.
- Wir würden nur dadurch mit der Wissensexplosion Schritt halten können.
- Alle Bildungsprobleme wären mit einem Schlag lösbar.
- Lehrmaschinen würden den Schulalltag bestimmen.
- Heere von arbeitslosen Lehrern würden bald auf der Straße stehen.
- Die Schüler würden — mechanisch gedrillt — nicht mehr fähig sein, schöpferisch zu denken.

All diese Prophezeiungen sind bisher nicht eingetroffen — und werden es auch nicht. Richtig und wichtig ist allein, daß die Prinzipien der Programmierten Instruktion für alle Bereiche der Ausbildung und Schulung Gültigkeit haben und daß keine Methode des wirkungsvollen Unterrichts mehr auf sie verzichten kann.

Was Programmierte Instruktion (man spricht auch von Programmierter Unterweisung, Programmiertem Unterricht oder Programmiertem Lernen) ist, das wissen Sie: In Ihrer eigenen Ausbildung haben Sie möglicherweise schon mit Lernprogrammen gearbeitet. Wenn Sie in diesem Buch bis auf diese Seite gelangt sind, haben Sie bereits neun kurze Lernprogramme kennengelernt. Wenn Sie aber mehr über die Grundsätze dieser Lehr- und Lernmethode erfahren wollen: Auf der nächsten Seite beginnt Lernprogramm 10, das Ihnen seine eigenen Prinzipien erläutert.

Lernprogramm 10

Richtig lernen — durch Programmierte Instruktion

1 1954 hielt der Harvard-Psychologe Burrhus F. Skinner (Sie kennen ihn schon aus Lernprogramm 4) ein Referat über „Die Wissenschaft vom Lernen und die Kunst des Lehrens“. Dieser Vortrag brachte eine Lawine ins Rollen: Die Programmierte Instruktion war „erfunden“ worden.

Wie war Skinner dazu gekommen, diese bahnbrechende Neuerung im Unterrichtswesen vorzuschlagen?

☐ A Er hatte zuvor jahrelang alle Theorien und Praktiken des herkömmlichen Unterrichts analysiert und alle unhaltbaren und erfolglosen verworfen. Die Kombination der haltbaren Prinzipien führte zwangsläufig zur Programmierten Instruktion.

☐ B Er hatte in exakter naturwissenschaftlicher Forschung — hauptsächlich in Tierversuchen mit Tauben, Katzen und Ratten — eine behavioristische Theorie des Lernens entwickelt. Die Prinzipien seiner Theorie hielt er für anwendbar auf die Unterrichtung von Kindern und Erwachsenen.

Sie haben sich für A entschieden:
Das ist nicht richtig: Zwar sind — wie wir noch sehen werden — viele Prinzipien der Programmieren Instruktion teilweise schon uralt. Sogar Sokrates wird oft als einer der „Väter“ der Programmierten Instruktion bezeichnet. Auf die Idee, alle bewährten Einzelprinzipien zur Methode der Unterrichtsprogrammierung zusammenzufassen, war aber keiner gekommen. Skinner schlug tatsächlich einen völlig neuen Weg ein: Er ging allein von Erkenntnissen der lernpsychologischen Forschung aus.

B ist richtig:
Skinner schlug vor, die an Lernexperimenten mit Tieren gewonnenen Prinzipien zur Steuerung menschlicher Lernprozesse anzuwenden.

2 Sie haben die Kerngedanken der Skinnerschen Lerntheorie bereits kennengelernt — in Lernprogramm 4, als wir über die Lernpsychologie sprachen. Im Vordergrund dieser Theorie steht ein Prinzip, das das Grundschema jedes Lernprozesses darstellt.

Wie nannte Skinner dieses Prinzip?

☐ A Versuch und Irrtum.
☐ B Belohnung und Strafe.
☐ C Reaktives Konditionieren.
☐ D Operatives Konditionieren.

D ist richtig:
Wenn Sie diese Antwort gefunden haben und sich noch gut an die Regeln des operativen Konditionierens erinnern, können Sie gleich bei Schritt 5 weiterlesen!

3 Wie spielt sich operatives Konditionieren ab?

Ein Lebewesen — Mensch oder Tier — äußert irgendein spontanes Verhalten. Folgt unmittelbar auf dieses Verhalten eine für das Lebewesen positive Konsequenz, wird genau dieses Verhalten in Zukunft .... auftreten.

Sind die Folgen eines Verhaltens positiv, wird es in Zukunft *häufiger* auftreten.

4 Man spricht davon, daß diese angenehmen Konsequenzen das Verhalten „verstärken", und bezeichnet sie deshalb als „Verstärker".

Man kann die operative Konditionierung im Tierversuch sehr gut verdeutlichen: Eine Taube zum Beispiel lernt schnell, bestimmte, vom Experimentator gewünschte Reaktionen auszuführen, indem sie jedesmals mit Futter belohnt wird, wenn sie diese Reaktion ausführt.

Skinner fand heraus, daß die Konditionierung dann am wirksamsten ist, . . .

☐ A wenn die Verstärkung unmittelbar auf die gewünschte Reaktion folgt.

☐ B wenn die unerwünschte Reaktion sofort bestraft wird.

☐ C wenn die Verstärkung der zu lernenden Reaktion wiederholt erfolgt.

(Zwei Regeln sind richtig!)

A und C sind richtig:
Die Verstärkung muß *unmittelbar* und *wiederholt* erfolgen.

5 Auch sehr komplexe Verhaltensweisen können nach der Methode der operativen Konditionierung „gelehrt" werden. Können Sie sich vorstellen, wie Skinner die Aufgabe lösen würde, einer Taube beizubringen, sich im Uhrzeigersinn um sich selbst zu drehen?

☐ A Er würde jede, auch die kleinste Reaktion der Taube in Richtung auf das gewünschte Endverhalten durch Futter verstärken (zum Beispiel Anheben des Fußes, Drehen des Kopfes nach rechts).

☐ B Er würde abwarten, bis die Taube zufällig einmal eine solche Piruouette dreht, und ihr dann einen besonders wirksamen Verstärker verabreichen.

☐ C Er würde die Taube „anleiten", sie zum Beispiel mit der Hand so oft in der gewünschten Richtung drehen, bis sie die Drehung allein ausführen kann.

A ist richtig:
Durch exaktes Verstärken auch der kleinsten Schritte in Richtung auf das gewünschte Verhalten gelingt es meist in wenigen Minuten, selbst komplizierte Verhaltensweisen aufzubauen.

1. Die Verstärkung muß *unmittelbar auf die Reaktion* erfolgen.

2. Sie muß *wiederholt* gegeben werden.

6 Für die behavioristischen Lerntheorien besteht kein grundsätzlicher Unterschied zwischen menschlichem und tierischem Lernen. Skinner folgerte aus den Ergebnissen der Tierversuche, auch menschliche Lernprozesse müßten sich nach den gleichen Prinzipien steuern lassen: Wirksamer Unterricht sei dann möglich, wenn man Kinder und Erwachsene zu einer gewünschten Reaktion veranlasse und dieses Verhalten dann verstärke.

Operatives Konditionieren ist auch beim Menschen am erfolgreichsten, wenn die bekannten Regeln eingehalten werden:

1. Die Verstärkung muß ....
.... erfolgen.

2. Die Verstärkung muß ....
gegeben werden.

Grundsätzlich kommt *jede* der angegebenen Möglichkeiten als Verstärker in Frage. Versuche haben gezeigt, daß die Bestätigung, eine Aufgabe richtig gelöst zu haben (also *E*), im Lernprogramm der wirksamste Verstärker ist.

7 Und eine dritte Regel:

Wenn komplexe Verhaltensweisen gelernt werden sollen, ist ein genauer Plan jener Einzelreaktionen aufzustellen, aus denen sich das Endverhalten zusammensetzt.

Skinner tat nun den entscheidenden Schritt: Ein Lehrer könne all diese Regeln bei weitem nicht so gut berücksichtigen wie ein automatisch ablaufender „vorprogrammierter" Konditionierungsmechanismus — nämlich das *Lernprogramm*, in gedruckter Form oder von Lehrmaschinen dargeboten.

Doch wodurch können Menschen verstärkt, also für richtiges Verhalten belohnt werden? Durch Futterkörner — wie die Tauben — wohl kaum. Was meinen Sie?

☐ A Durch Bonbons.
☐ B Durch Lob.
☐ C Durch liebevolle Zuwendung.
☐ D Durch Schulnoten.
☐ E Durch die Bestätigung, daß das Verhalten richtig war.

8 Es wird jetzt deutlich, wie die charakteristischen Merkmale des Skinnerschen Lernprogramms entstanden sind. Die ersten beiden Merkmale:

1. Ein Verhalten, das verstärkt werden soll, muß zunächst einmal vom Lernenden gezeigt werden. Deshalb darf der Lernende einen Lernstoff nicht passiv aufnehmen: Ein Lernprogramm veranlaßt ihn, durch eine Vielzahl von .... zu ....

2. Ein komplexes Endverhalten muß stückweise aus seinen Elementen aufgebaut werden. Deshalb wird der Lernstoff in kleinste Einheiten zergliedert: Ein Lernprogramm besteht aus vielen einzelnen, kleinen ....

1. Ein Lernprogramm veranlaßt den Lernenden durch viele *Aufgaben (Fragen)* zu *aktivem Verhalten (Reagieren).*

2. Es besteht aus vielen kleinen *Lernschritten.*

9 Und zwei weitere Merkmale:

3. Die Verstärkung muß unmittelbar auf die gewünschte Reaktion folgen. Deshalb erfährt der Lernende sofort nach seiner Antwort, ob ....

4. Verstärkungen müssen wiederholt und so oft wie möglich gegeben werden. Außerdem darf nur richtiges Verhalten verstärkt werden. Deshalb sind die Schritte im Skinnerschen Lernprogramm extrem .... Der Schwierigkeitsgrad der Aufgaben ist so angelegt, daß 95 Prozent der Fragen .... beantwortet, ... also weitgehend vermieden werden.

3. Der Lernende erfährt sofort, nämlich vor dem nächsten Lernschritt, *ob seine Lösung richtig war.*

4. Die Lernschritte sind extrem *klein (leicht);*
95 Prozent der Fragen müssen *richtig* beantwortet werden, *Fehler* also weitgehend vermieden werden.

1. *Skinner-Programm und Lernprogramm 10*

2. *Skinner-Programm und Lernprogramm 10*

3. *Skinner-Programm*

4. *Lernprogramm 10*

5. *Skinner-Programm*

10 Ein Lernschritt besteht bei Skinner meist nur aus einem oder zwei Sätzen. Die Aufgabe wird so gestellt: Im Text werden Lücken gelassen, in die der Lernende seine Antwort — ein oder mehrere Wörter — hineinschreibt.

Bestimmt ist Ihnen aufgefallen, daß das Lernprogramm, das Sie gerade bearbeiten, und die vorhergehenden Lernprogramme dieses Buches nicht so ganz den Merkmalen des Skinnerschen Programm-Modells entsprechen. Versuchen Sie die Unterschiede und die Gemeinsamkeiten festzustellen, indem Sie ankreuzen, was für das Skinner-Programm, für Lernprogramm 10 in diesem Buch oder für beide zutrifft:

1. Aktivierung durch Aufgaben:
   ☐ Skinner-Programm ☐ Lernprogramm 10

2. Gliederung des Lernstoffs in Lernschritte:
   ☐ Skinner-Programm ☐ Lernprogramm 10

3. Viele, extrem kurze Lernschritte:
   ☐ Skinner-Programm ☐ Lernprogramm 10

4. Mittlerer Schwierigkeitsgrad:
   ☐ Skinner-Programm ☐ Lernprogramm 10

5. Aufgaben nur in Form von Textlücken:
   ☐ Skinner-Programm ☐ Lernprogramm 10

30 Warum diese Unterschiede? Sind vielleicht Skinners Lernprogramme doch nicht so wirkungsvoll wie behauptet?

Tatsächlich sind manche Eigenschaften des Skinnerschen Modells von Theoretikern, Praktikern und — nicht zuletzt — von den Lernenden selbst kritisiert worden.

Was können Ihrer Meinung nach die wesentlichsten Gegenargumente gewesen sein?

☐ A In Tierversuchen ermittelte Gesetzmäßigkeiten müssen nicht zwangsläufig auf das menschliche Lernen übertragbar sein.

☐ B Das Prinzip der Verstärkung — erfolgreiches Verhalten tritt häufiger auf — gilt nicht beim Menschen.

☐ C Die Zergliederung des Lernstoffs in kleine Lernschritte und die immer gleichförmige Art der Aufgabenstellung erschweren dem Lernenden die Übersicht und werden von vielen als zu eintönig empfunden.

☐ D Das Prinzip der Fehlervermeidung verärgert den Lernenden oft: Er fühlt sich durch zu leichte Aufgaben unterfordert.

☐ E Der Zwang, immer wieder Aufgaben zu bearbeiten, wird den meisten zu mühsam.

☐ F Die Antwortbestätigung nach jeder Aufgabenlösung „verwöhnt" den Lernenden und führt zu schlechter Lernmotivation.

A, C und D waren die Haupteinwände der Kritiker.

12 Die kritischen Argumente gegen das Skinner-Programm waren Anlaß, verschiedene Lernprogramm-Modelle zu entwickeln.

- mit größeren Lernschritten (der Stoff eines der Lernprogramme in diesem Buch mit jeweils 15 bis 20 Schritten zum Beispiel würde im Skinner-Programm mindestens 75 Schritte erfordern);
- mit abwechslungsreicheren Aufgabenstellungen von unterschiedlichem Schwierigkeitsgrad („Knobeln“ kann durchaus Spaß machen, und Menschen lernen auch aus Fehlern);
- vor allem aber mit unterschiedlicher theoretischer Fundierung (gestaltpsychologische Lerntheorien und die kybernetische Pädagogik haben wichtige Beiträge zur Weiterentwicklung der Programmierten Instruktion geleistet).

Versuchen Sie nun — eine schwierige Aufgabe — die Prinzipien der Programmierten Instruktion zusammenzustellen, die haltbar und sinnvoll erscheinen:

1. ....

2. ....

3. ....

....

Die richtige Antwort finden Sie in Schritt 13!

13 Diese Prinzipien gelten für alle Lernprogramme:

1. Die *Aufgliederung* eines komplexen Lernstoffs *in Lernschritte*, die weder über- noch unterfordern. Sie erlaubt eine sinnvolle Strukturierung des Lernstoffs und ermöglicht dem Lernenden, sich auf eine jeweils überschaubare Stoffmenge zu konzentrieren.
2. Die *Aktivierung* des Lernenden zur Selbsttätigkeit *durch Fragen und Aufgaben* in jedem Lernschritt. Sie garantiert sichere Verarbeitung des Lernstoffs.
3. Die *sofortige Bestätigung* richtiger und sofortige Korrektur falscher Antworten durch *Angabe der richtigen Lösung*. Sie gibt dem Lernenden eine Kontrollmöglichkeit über seinen eigenen Lernfortschritt und fördert so die Lernmotivation. Ob man das nun „Verstärkung“ oder „Feedback“ oder anders nennt, ist eine Frage des theoretischen Standpunktes.

Wenn Ihre Antwort — sinngemäß — die kursiv gedruckten Stichworte enthielt, war das eine sehr gute Leistung!

(Merken Sie? Das war eine Verstärkung. Dafür gibt es diesmal keine Aufgabe.)

14 Eines der wichtigsten Merkmale der Programmierten Instruktion sieht man einem Lernprogramm auf den ersten Blick nicht an:

Kommen wir noch einmal auf Skinners tanzende Taube zurück. Wir hatten in Schritt 7 die Regel kennengelernt: „Wenn komplexe Verhaltensweisen gelernt werden sollen, ist ein genauer Plan jener Einzelreaktionen aufzustellen, aus denen sich das Endverhalten zusammensetzt."

Vom „Behavioristischen" ins Deutsche übertragen heißt das: Bevor ein Lernprogramm verfaßt werden kann, . . .

☐ A muß man genau feststellen, welches Vorwissen die Lernenden schon haben.

☐ B muß man genau überlegen, welche Verstärker man einsetzen will.

☐ C muß man ein eindeutiges Lernziel festlegen und genau die Teilziele definieren, die auf dem Weg dorthin liegen.

C ist richtig.
(Auch A ist wichtig, in diesem Zusammenhang aber eine falsche Antwort.)

15 „Wer nicht weiß, wohin er will, braucht sich nicht zu wundern, wenn er ganz woanders ankommt ..." Mit diesen Worten charakterisiert Robert F. Mager, einer der wichtigsten Theoretiker und Praktiker der Programmierten Instruktion in den USA, einen verbreiteten Mangel des herkömmlichen Unterrichts, vieler Lehrbücher und auch mancher schlechter Lernprogramme: Der Planung des Unterrichts werden oft gar keine oder nur verschwommene, mehrdeutige Lernziele zugrunde gelegt.

Gute und als Grundlage für eine Unterrichtsprogrammierung brauchbare Lernziele müssen genau definieren, welches Verhalten der Lernende im Anschluß an die Programmbearbeitung zeigen soll, zum Beispiel welches Wissen er unter Beweis stellen muß. Wozu dies?

☐ A Damit der Programmautor weiß, welches Endverhalten mit dem Lernprogramm aufgebaut, welcher Lernstoff vermittelt werden soll.

☐ B Damit ein Maßstab für die Wirksamkeit des Lernprogramms und den Erfolg des Lernens zur Verfügung steht.

A und B sind richtig.

B, E und F
sind gute Lernziele, die ein beobachtbares Verhalten beschreiben:
Es wird klar, was der Lernende tun muß, um zu zeigen, was er gelernt hat. „Verstehen“, „kennen“, „wissen“ sind keine beobachtbaren Verhaltensweisen, „würdigen“ und „lieben“ sind zu verschwommene Verhaltensbegriffe.

16 Ein gutes Lernziel muß vor allem deshalb genau das gewünschte Verhalten beschreiben, weil man nur am äußeren, beobachtbaren Verhalten des Lernenden — an der Lösung einer Aufgabe etwa — feststellen kann, ob ein Lernprozeß stattgefunden hat.

Kreuzen Sie an, was in diesem Sinn „gute“ Lernziele sind:

☐ A „Die Grundsätze der Programmierten Instruktion verstanden haben.“

☐ B „Die vier wichtigsten Merkmale des Skinner-Lernprogramms aufzählen können.“

☐ C „Die Vorteile der parlamentarischen Demokratie zu würdigen wissen.“

☐ D „Die zehn Gebote kennen.“

☐ E „Gute von schlechten Lernzielformulierungen unterscheiden können.“

☐ F „Artikel 1 bis 5 des Grundgesetzes auswendig hersagen können.“

☐ G „Die Heimat lieben.“

17 Ein weiteres Merkmal der Programmierten Instruktion, das man dem Lernprogramm nicht ansieht:

Wenn die Lernziele festgelegt und die Wege zu diesem Ziel „programmiert" sind, das Lernprogramm also abgefaßt ist, muß es an einer Stichprobe, die für die späteren Bearbeiter repräsentativ ist, auf seine Lernwirksamkeit getestet werden.

Ein Test, der den Lernzielen entspricht, wird zunächst vor, dann nach der Bearbeitung des Programms durchgeführt. Der Vergleich zwischen Vor- und Nachtest erbringt ein exaktes Maß für den Lernzuwachs und damit für die Wirksamkeit des Programms. Die Analyse der Fehler, die bei den einzelnen Lernschritten gemacht werden, gibt Hinweise für die Verbesserung des Lernprogramms. Warum diese Umstände?

☐ A Die „Philosophie" Skinners und bisher aller seriösen Programmautoren besagt: Herkömmliche Unterrichtsmethoden haben nur zu oft dem Schüler die Schuld an mangelhaften Lernerfolgen gegeben. Bei der Programmierten Instruktion fühlen sich immer die Programmautoren dafür verantwortlich: Sie haben im Zweifelsfall nicht gut genug programmiert.

☐ B Die Entwicklung von Lernprogrammen ist zeitraubend und kostspielig. Ihr Einsatz ist nur rentabel, wenn entsprechend große Schülerzahlen damit unterrichtet werden. Mangelnde Qualität und ungenügender Lernerfolg multiplizieren sich dann jedoch — anders als beim Lehrer, der einmal eine Unterrichtsstunde „verpatzt".

A und B
sind richtig und wichtig.

18 Haben Sie Lust zu einer kurzen Wiederholung?

Dann nennen Sie noch einmal in Stichworten die drei wichtigsten, auch heute für die Programmierte Instruktion gültigen Merkmale:

1. ....
2. ....
3. ....
....

Und die zwei wichtigsten „unsichtbaren" Merkmale:

4. ....
5. ....

1. *Gliederung in Lernschritte*
2. *Aktivierung des Lernenden*
3. *Sofortige Bestätigung oder Korrektur (Verstärkung)*
4. *Genaue Lernzieldefinition*
5. *Sorgfältige Testung*

19 Sie haben bisher die Prinzipien und Merkmale der Programmierten Instruktion kennengelernt. Ihnen ihre Vorteile gegenüber anderen Unterrichtsformen zu zeigen, gehörte nicht zu den Zielen dieses Lernprogramms.

Aber wir sind noch eine Antwort auf die Frage schuldig, worin die große Bedeutung der Programmierten Instruktion für die gesamte Pädagogik liegt, obwohl bis heute nicht einmal ein Drittel beispielsweise des Schulstoffs durch Lernprogramme vermittelt wird. Sie liegt in der zunehmenden Ausweitung ihrer Prinzipien auf alle Bereiche der Aus- und Weiterbildung.

Messen Sie in Zukunft jeden Unterricht daran,

- ob eine genaue Lernzieldefinition gegeben wird;
- ob der Lernstoff in leicht faßlichen Schritten, die logisch aufeinander aufbauen, dargeboten wird;
- ob der Lernende zur Eigenaktivität aufgefordert wird;
- ob die Möglichkeit der jederzeitigen Lernerfolgskontrolle besteht und genügend „Verstärker" gegeben werden;
- ob der Unterricht, exakt belegbar, erfolgreich ist.

Lernen ist für uns zu wichtig geworden, als daß wir uns schlechtes Lehren noch leisten können.

Klinische Psychologie

Der Psychologe hatte lange Zeit das falsche Image des großen Zauberers, der — wie es der Psychoanalytiker Alexander Mitscherlich einmal bissig formuliert hat — „auf den Parties herumläuft mit Röntgenaugen und einer unbändigen Neigung zur seelischen Vivisektion". Und die daraus abgeleitete Angst vor einem „klinischen" Blick, der selbst die geringsten Abweichungen vom „Normalen" gnadenlos aufdeckt, war natürlich verständlich.

Wer vom Psychologen diese Vorstellung hat, macht dabei zwei Fehler: Er verwechselt ihn zunächst mit dem Klinischen Psychologen — zu diesem gehört auch der Psychoanalytiker —, und er beurteilt auch die eigentlichen Aufgaben und die wissenschaftliche Basis seiner Arbeit falsch.

Manches von diesem Klischee ist darauf zurückzuführen, daß die Psychoanalyse Freuds und seiner Schüler einen so großen Einfluß auf viele Lebensbereiche ausgeübt hat und lange populärer war als die „eigentliche" Psychologie. Und tatsächlich hat die Psychoanalyse, die außerhalb der „offiziellen" akademischen Psychologie entstanden ist, weithin das Bild der Klinischen Psychologie geprägt.

Aber was ist nun Klinische Psychologie?

Nimmt man den Begriff „klinisch" wörtlich, dann bedeutet das soviel wie „Psychologie am Krankenbett". Lange Zeit ist dieses Fach auch so aufgefaßt worden: Als eine Hilfswissenschaft für den Arzt sollte sie es möglich machen, der besonderen psychischen Situation des kranken Menschen gerecht zu werden. Kranke müssen ja nicht nur körperlich gesunden. Sie müssen mit dem Erlebnis des Krankseins — und mitunter gar der bleibenden Invalidität — fertig werden. Sie müssen seelische Kräfte mobilisieren, um ihre Krankheit zu überwinden und die Therapie des Arztes zu unterstützen. Sie brauchen oft Anleitung, um wieder in die Gemeinschaft der Gesunden zurückzufinden. Der oft noch verwendete Begriff „medizinische Psychologie" für dieses interdisziplinäre Gebiet kennzeichnet diese Aufgaben noch deutlicher.

Heute wird unter Klinischer Psychologie mehr verstanden. Die Psychologie des körperlich kranken Menschen ist nur ein Teilgebiet — ein sehr vernachlässigtes obendrein. Man schätzt, daß von den rund zwölf Millionen Mitbürgern, die jährlich den Arzt aufsuchen, über ein Drittel eigentlich an psychischen Störungen der einen oder anderen Art leiden und nicht primär körperlich krank sind.

Psychiatrie und Psychotherapie

Nun gibt es zwischen ausgesprochener psychischer Krankheit und einem geistigen und seelischen Normalzustand eine Fülle von Störungen des Erlebens, des Denkens, des Verhaltens, der sozialen Anpassung, die Beratung, Hilfe oder Behandlung erfordern, weil der Leidende sie und ihre Folgeerscheinungen aus eigener Anstrengung nicht bewältigen kann.

Die *Beschreibung* und *Erforschung* der verschiedenen Typen psychischer Störungen und Krankheiten sowie ihrer Ursachen ist eine der Aufgaben der Klinischen Psychologie. Die Behandlung übernehmen die *Psychotherapie* — die man der Klinischen Psychologie zurechnet — und die *Psychiatrie*, eine Fachrichtung der Medizin.

Die Grenzen zwischen normal, abnorm und krankhaft sind fließend. Ebensoschwer ist es, die Kompetenzen zwischen Psychiatrie und Psychotherapie abzustecken. Rein theoretisch ist die Abgrenzung noch verhältnismäßig einfach:

- Die *Psychiatrie* stützt sich auf die *Psychopathologie*, die Lehre von den seelischen Krankheiten. Dazu werden alle „organischen" oder *exogenen Psychosen* gezählt. Das sind Geistesstörungen, die eine nachweisbare körperliche Ursache haben: Es liegt eine Schädigung oder Erkrankung des Gehirns vor; die psychischen Störungen sind eine Folge davon. Ein weiteres Forschungsgebiet der Psychopathologie sind die *endogenen Psychosen*. Dazu gehören vor allem die Schizophrenien und die manisch-depressiven Krankheiten. Gemeinsam ist dieser Gruppe von psychischen Störungen, daß bis heute noch nicht eindeutig geklärt ist, ob für ihr Entstehen Erbfaktoren, körperliche Ursachen oder besondere Umstände in der Lebensgeschichte des Patienten verantwortlich sind.

Diese sogenannten psychiatrischen Krankheiten werden heute hauptsächlich medikamentös (teilsweise auch operativ) behandelt. Es ist deshalb der Facharzt, der *Psychiater*, der sie betreut. Er arbeitet jedoch bei Diagnose und Therapie mehr und mehr — hauptsächlich in den USA und in England, zunehmend aber auch in Deutschland — unter der Mitarbeit des Klinischen Psychologen. Dessen Rolle wird heute immer wichtiger auch für Rehabilitationsmaßnahmen: bei der Vorbereitung auf die Anforderungen außerhalb der Klinik und der Wiedereingliederung in Beruf und soziales Umfeld. Und Hand in Hand arbeiten Psychiater und Klinischer Psychologe besonders bei der Behandlung von Suchtkrankheiten, weil hier physiologische, psychologische und soziale Probleme ineinandergreifen.

- Der *Psychotherapeut* — ein Arzt oder ein Psychologe, mit einer Zusatzausbildung nach abgeschlossenem Studium — arbeitet ausschließlich mit „psychologischen", also nichtmedizinischen Mitteln. Mit den verschiedenen Methoden der Psychotherapie werden hauptsächlich die vielfältigen Formen der *Neurosen* behandelt. Das sind psychische Störungen, die sich in fehlerhafter Anpassung an die Realität zeigen, beispielsweise in mangelnder Fähigkeit, Konflikte zu bewältigen, in unangemessenen Ängsten, in Depressionen oder in quälenden Zwangsvorstellungen und Zwangshandlungen. Oft sind diese Störungen von entsprechenden Persönlichkeitsänderungen begleitet. Auch eine Reihe körperlicher Symptome und Krankheiten (zum Beispiel die psychosomatischen Krankheiten) haben ihre Ursache in psychischen Störungen und Neurosen. Hier ist ebenso eine psychotherapeutische Behandlung möglich.

Die Formel „Psychosen dem Psychiater, Neurosen dem Psychotherapeuten" ist zu einfach, um zu stimmen. Seit etwa 1945 führten zum Beispiel psychotherapeutische Maßnahmen sogar in verschiedenen Fällen von endogenen Psychosen zu Besserungen, die früher für unmöglich gehalten wurden.

Die Methoden der Psychotherapie

Die Grundlage der herkömmlichen psychotherapeutischen Maßnahmen ist immer das Gespräch. Schon die klärende, freie Aussprache zwischen Patienten und Therapeuten kann zur Beruhigung und Milderung von Spannungen, kann zur Besserung oder Heilung führen.

Schwere neurotische Fehlentwicklungen versucht man, mit der sogenannten „großen Psychotherapie" anzugehen. Das klassische Verfahren dabei ist die Freudsche *Psychoanalyse.* Auch sie wirkt durch den direkten Dialog zwischen Therapeuten und dem Patienten und erstreckt sich oft über einige Jahre mit mehreren Sitzungen pro Woche.

Das Kernstück dieses Verfahrens entdeckte Sigmund Freud schon 1892: die „freie Assoziation". Der Patient muß sich an die Regel halten, alles auszusprechen, was ihm durch den Kopf geht, mag es ihm auch noch so sinnlos oder peinlich erscheinen. Es zeigte sich, daß bestimmte, ins Unbewußte gesunkene Ereignisse durch diese „Rede-Kur" wieder bewußt gemacht werden können, was zu einer Abreaktion von Affekten bei entsprechender psychischer Entlastung führt.

Den eigentlichen Zugang zum Unbewußten ermöglicht die später eingeführte Deutung von Symbolen, die Patient und Therapeut gemeinsam versuchen. Diese Symbolik steckt zum Beispiel in den freien Einfällen des Patienten, in den Widerständen, die er gegen das Bewußtmachen hat, in seinen Träumen und im neurotischen Verhalten selbst.

Die besten Schüler Freuds, Alfred Adler und C. G. Jung, entzweiten sich mit ihrem Lehrer aufgrund ihrer verschiedenen Auffassung von der Art der Symboldeutung. Ihre Schulen und die große Zahl anderer psychoanalytischer

Verfahren unterscheiden sich von der „orthodoxen" Freudschen Psychoanalyse hauptsächlich durch abweichende Persönlichkeitsmodelle, Neurosetheorien, Deutungstechniken oder durch die teils aktivere, teils passivere Rolle des Therapeuten.

Das Ziel der Behandlung — der Analyse den Aufbau einer gesunden Persönlichkeitsstruktur folgen zu lassen und damit neue Lebenstüchtigkeit zu erlangen — wird oft nur nach langer Zeit und manchmal überhaupt nicht erreicht. Kritiker halten der Psychoanalyse vor, daß ihre Erfolgsquote nur bei etwa 10 bis 20 Prozent liege.

Nicht zuletzt aus praktischen und wirtschaftlichen Gründen — der großen Zahl von Behandlungsbedürftigen stehen in der Bundesrepublik nur etwa 500 ausgebildete Psychoanalytiker gegenüber — wird neben der „großen" Psychotherapie eine Reihe anderer psychotherapeutischer Verfahren praktiziert. Sie sind teils weniger zeitraubend, teils führen sie von der Zweiersituation weg zur Patientengruppe, teils verlagern sie die Aktivität vom Therapeuten weg auf den Patienten:

- Die *Suggestivverfahren* arbeiten mit Suggestion, Autosuggestion, Fremd- und Selbsthypnose. Der Patient wird durch Beeinflussung seiner Gedanken, Gefühle und Handlungen dazu gebracht, seine Symptome zu überwinden.
- Die verschiedenen Verfahren der *Gruppen-*, *Milieu-* und der *Soziotherapie* bringen die heilende Wirkung sozialpsychologischer Faktoren mit ins Spiel: durch gleichzeitige Behandlung des Patienten und seiner Angehörigen, durch Bildung von Diskussions-, Suggestions-, Selbsterfahrungs- und Analysegruppen, immer häufiger auch von großfamilienartigen Gemeinschaften aus Patienten und therapeutischem Stab bei gleichzeitigem Abbau der sonst üblichen hierarchischen Klinikstruktur.

Psychoanalyse und Lerntheorie

Die Methode der Psychoanalyse und gleichzeitig die entsprechenden psychoanalytischen oder „tiefenpsychologischen" Theorien sind immer starker Kritik ausgesetzt gewesen. Die wichtigsten Erkenntnisse Freuds werden heute zwar anerkannt, etwa die Bedeutung der Kindheitserlebnisse und der sexuellen Entwicklung für die Persönlichkeit des Erwachsenen. Der Hauptvorwurf aber, der heute gegen die psychoanalytische Theorie erhoben wird, besteht darin, daß sie keine empirisch-wissenschaftliche Theorie sei und ihre Hypothesen sich der exakten experimentellen Nachprüfbarkeit entzögen.

Es gab viele Bemühungen, die von Freud angenommenen Prinzipien der Neuroseentstehung und -heilung durch die von der modernen Lernforschung gefundenen Gesetze zu erklären und vor allem experimentell zu überprüfen.

Diese Arbeiten führten in den letzten beiden Jahrzehnten — ausgehend von den behavioristischen Lerntheorien — zu einer Absage an die klassische „Psycho"-Therapie und zur Entwicklung der modernen „Verhaltens"-Therapie.

Psychotherapie contra Verhaltenstherapie

Die *Verhaltenstherapie* hat zunehmend an Bedeutung gewonnen. Sie beginnt allmählich, eine größere Rolle zu spielen als die Psychoanalyse, besonders in Bezug auf die Zahl der erfolgreich behandelten Patienten. Das Vorgehen des Verhaltenstherapeuten unterscheidet sich grundsätzlich von dem des Psychoanalytikers. Von der Öffentlichkeit weitgehend unbemerkt, spielt sich seit einiger Zeit eine heftige Diskussion, ja Fehde zwischen den beiden therapeutischen „Lagern" ab. Lernprogramm 11 auf den folgenden Seiten wird Sie mit einigen der wichtigsten Grundprinzipien der Verhaltenstherapie bekannt machen.

Lernprogramm 11

Angst — die Krankheit, die man verlernen kann

B ist richtig:
Denn wenn psychische Störungen als gelernt aufgefaßt werden können, dann müssen die Gesetze, die die moderne Psychologie für das Lernen gefunden hat, auch wegweisend für die Behandlung dieser Störungen sein.

1 Woran erkennt man, ob ein Mensch psychisch erkrankt ist? Am unangepaßten oder gestörten Verhalten, an einem Verhalten, das den Anforderungen der Umwelt nicht mehr gerecht wird, das vielleicht sozial unerwünscht ist und deshalb die Mitmenschen und den „Erkrankten" selbst belastet und stört.

Ein Verhaltenstherapeut, der dieses unangepaßte Verhalten nun ändern, „normalisieren" soll, geht von der Annahme aus, daß die meisten Verhaltensweisen — also auch viele Formen des Fehlverhaltens — *erlernt* wurden.

Wie wird er wohl eine solche „Krankheit" seines Patienten behandeln?

☐ A Er versucht, in vielen Gesprächen dem Patienten die unbewußten Ursachen des Fehlverhaltens bewußt zu machen, und leitet ihn an, seine Vergangenheit zu bewältigen. Als Folge tritt wieder „normales" Verhalten ein.

☐ B Er wendet die Gesetze der modernen Lernpsychologie an. Er bringt den Patienten dazu, unangemessenes Verhalten zu verlernen und/oder neues, erwünschtes Verhalten zu lernen.

Phobien werden von der Verhaltenstherapie als *gelernt* aufgefaßt.

2 Im Mittelpunkt vieler neurotischer Störungen steht die Angst. Hierin stimmen die Verhaltenstherapeuten übrigens mit den Psychoanalytikern überein (siehe dazu auch Lernprogramm 7). Eine wichtige Gruppe unter den neurotischen Störungen bilden die „Phobien", abnorme, recht sinnlose Ängste vor jeweils ganz bestimmten Objekten oder Situationen, von denen — objektiv gesehen keine Gefahr ausgeht. Gegen diese Ängste kann der Betroffene selbst aber nichts machen, und sie engen seine Handlungsfreiheit oft ganz empfindlich ein.

Sie haben bestimmt schon von „Agoraphobie", der Platzangst, von „Klaustrophobie", der Angst vor dem Eingeschlossensein, von Spinnen-, Hunde- oder Höhenphobie („Akrophobie") gehört.

Derartige Phobien — ihre Zahl ist praktisch unbegrenzt — faßt der Verhaltenstherapeut als .... auf.

3 Die Angst selber — oder genauer, da es sich nach der Sprachregelung der Psychologen um ein Verhalten handelt, die „Angstreaktion“ — ist ein Zustand heftiger Gefühlsreaktion, äußerster Erregung, Wachheit, ja Panik, begleitet von Zittern, Herzklopfen, Schweißausbrüchen und anderen körperlichen Symptomen.

Dieser Zustand ist ursprünglich biologisch sinnvoll, weil er uns für Kampf- oder Fluchtverhalten bereitmacht. Er wird bei uns allen durch Signale, die Gefahr andeuten, ausgelöst, zum Beispiel durch unvermuteten Krach, heftigen Schmerz oder plötzliche Hilflosigkeit.

Die Angstreaktion auf derartige Reize ist .... (angeboren/erlernt).

Die Angstreaktion auf bestimmte Gefahrensignale ist *angeboren.*
Der Lernpsychologe zählt sie zu den „natürlichen“ oder „unbedingten“ Reaktionen.

4 Die unangemessene, überhaupt nicht mehr sinnvolle Angstreaktion, wie sie bei Phobien auftritt, wurde gelernt — genauer, sie ist eine „konditionierte emotionale Reaktion“.

Wissen Sie noch aus Lernprogramm 4 über Lernpsychologie, was *Konditionieren* ist? Wiederholen wir es am Beispiel eines Konditionierungsexperiments, wie es im Labor des Psychologen durchgeführt werden kann:

Eine Versuchsperson schließt unwillkürlich und zwangsläufig das Augenlid, wenn ein kühler Luftstoß das Auge trifft. Das ist eine angeborene, natürliche Schutzreaktion.

Ein Glockenton bringt die Versuchsperson nicht dazu. Wenn nun mehrmals zusammen mit dem Luftstoß ein Glockenton erklingt, wird allmählich auch der Glockenton allein die Lidschlußreaktion auslösen.

Vor dem Versuch war . . .
- der Glockenton — ein „neutraler“ Reiz (er hat keine Reaktion zur Folge),
- der Luftstoß — ein „unbedingter“ Reiz,
- der Lidschluß — eine „unbedingte“ Reaktion (auf den Luftstoß).

Nach dem Versuch ist . . .
- der Glockenton — ein „bedingter“ Reiz,
- der Lidschluß — eine „.................................“ Reaktion (auf den Glockenton).

Nach dem Konditionieren ist der Lidschluß auf einen Glockenton hin zur *bedingten* (oder *konditionierten*) Reaktion geworden.

Wir haben die konditionierte Lidschluß-reaktion *gelöscht;* die Glocke ist wieder *neutraler* Reiz, denn sie löst keinen Lidschluß mehr aus.

Eine solche konditionierte Reaktion können wir auch wieder verlernen lassen. Im Sprachgebrauch des Lernpsychologen heißt das: Wir können sie wieder „löschen“.

Eine *Löschung* der bedingten Reaktion tritt ein, wenn wir die Glocke wiederholt allein, also ohne Luftstoß, erklingen lassen. Anfänglich wird zwar die Lidschlußreaktion noch auftreten, allmählich aber wird sie ausbleiben.

Damit ist die Lidschlußreaktion auf den Glockenton ....; die Glocke ist wieder zum .... (unbedingten/bedingten/neutralen) Reiz geworden.

Zugegeben, Sie mußten raten. Tatsächlich ist A richtig: Versuche haben bewiesen, daß Verlernen durch Löschen wesentlich wirksamer ist als durch „Vergessen“. Besser ausgedrückt: Konditionierte Verhaltensweisen werden nur schwer vergessen.

Wir haben mit diesem Versuch gezeigt, daß unsere Versuchsperson eine bestimmte ungewöhnliche Verhaltensweise gelernt hat (ohne daß wir gleich von „neurotischem Verhalten“ sprechen wollen) und daß wir sie dieses Verhalten wieder verlernen lassen können.

Der Lernpsychologe unterscheidet übrigens zwischen Verlernen durch „Löschen“ und Verlernen durch „Vergessen“. Was versteht er darunter?

Nun, wir könnten ja, statt das Löschungsexperiment anzustellen, für lange Zeit die Versuchsperson überhaupt nicht mehr mit dem bedingten Reiz — der Glocke — konfrontieren. Wenn wir dann eines Tages die Glocke wieder erklingen lassen . . .

☐ A erfolgt die konditionierte Lidschlußreaktion genauso wie gleich nach dem Experiment. Sie wurde nicht „vergessen“.

☐ B erfolgt keine Lidschlußreaktion mehr; sie wurde „vergessen“, und die Glocke ist wieder neutraler Reiz.

7 Doch was hat dies alles mit der Therapie von Phobien zu tun? Nun, in derartigen Konditionierungsprozessen sieht die Verhaltenstherapie ein Modell für die Entstehung von Phobien.

Erinnern Sie sich noch an Watsons fragwürdiges Experiment mit dem kleinen Albert (Lernprogramm 4)? Stellen Sie sich vor, ein kleines Kind spielt mit einem niedlichen weißen Kaninchen. Plötzlich — ein fürchterlicher Krach! Das Kind bekommt natürlich Angst.

Diese Angst ist eine natürliche, unbedingte Reaktion auf den unbedingten Reiz „Krach“. Das Kaninchen ist zunächst ein neutraler Reiz. Aber — überlegen Sie — was könnte die Folge sein?

Wenn das Kind später das Kaninchen wiedersieht, könnte das Tier zum .... Reiz für die .... Reaktion „Angst“ geworden sein.

Das Kaninchen könnte zum *bedingten* Reiz für eine *bedingte (konditionierte)* Angstreaktion geworden sein.

8 Konditionierte Reize haben eine Tendenz zur „*Generalisation*“. Das bedeutet: Allmählich ist es nicht nur der ursprüngliche bedingte Reiz, der die Angst auslöst. Auch andere, diesem ähnliche Reize führen zur Angstreaktion.

In unserem Fall könnte das Kind bald vor allen Kaninchen, dann vor allen Felltieren, schließlich vor Spielzeugtieren aus flauschigem Stoff, vielleicht sogar vor Pelzmänteln Angst haben.

Muß unser Kind nun sein Leben lang mit einer „Kaninchen-“ oder gar einer „Pelz-Phobie“ behaftet sein?

☐ A Wahrscheinlich nicht; denn Zeit heilt Wunden. Wenn wir dafür sorgen, daß das Kind längere Zeit nicht mehr mit Kaninchen oder ähnlichen furchterregenden Reizen zusammenkommt, wird die Angstreaktion „vergessen“.

☐ B Unter Umständen ja; denn das Kind wird fortan die Nähe von Kaninchen und ähnlichen Reizen aus „Angst vor der Angst“ meiden. Um aber die Angstreaktion zu „löschen“, müßte das Kind mehrfach mit dem bedingten Reiz „Kaninchen“ konfrontiert werden, ohne daß dabei wieder ein unbedingter angstauslösender Reiz (zum Beispiel Krach) auftritt.

Leider stimmt in den meisten Fällen B:
Die Angst wird nicht vergessen und das macht sie — wenn es sich um eine störende Phobie handelt — therapiebedürftig.

Die bedinten Reize sind:
Kaninchen,
enge, geschlossene Räume,
Prüfungen.

9 Für den Verhaltenstherapeuten ist es eigentlich unwichtig, welcher unbedingte Reiz ursprünglich einmal die Angst auslöste: ob Krach, Schmerz oder eine lebensbedrohende Situation.

Wichtig für die Therapie ist der *bedingte* Reiz, der in der damaligen Konditionierungssituation mit dem unbedingten Reiz zusammen präsent war und von diesem Zeitpunkt an stets allein schon die Angstreaktion hervorrief.

Bei einigen Phobien fällt es Ihnen bestimmt leicht, die bedingten Reize zu nennen:

Der bedingte Reiz bei . . .
- Kaninchenphobie: ....
- Klaustrophobie: ....
- Prüfungsangst: ....

A ist richtig.

10 Das natürlichste Verhalten eines Menschen mit einer Phobie ist es, den bedingten „phobischen" Reiz zu meiden. Das Kind mit der Kaninchenphobie geht jedem Kaninchen aus dem Weg. Der Mann mit Höhenangst besteigt keine Türme und Berge, traut sich vielleicht nicht einmal mehr in den dritten Stock eines Gebäudes.

Der Therapeut muß versuchen, dieses Vermeidungsverhalten „aufzubrechen", damit die Angstreaktion die Chance bekommt, . . .

☐ A gelöscht zu werden.
☐ B vergessen zu werden.

Der Verhaltenstherapeut wird versuchen, die Angstreaktion zu löschen. Bei schweren Phobien ist es aber nicht ohne weiteres möglich, den Patienten einfach so lange — oder so oft — mit dem Angstreiz zu konfrontieren. Die Angstreaktion ist dann meist schon so stark, daß die alte Konditionierung „aufgefrischt" wird.

Es gibt aber einen Ausweg: Der Verhaltenstherapeut — genau wie Sie jetzt — weiß, daß es wegen der Generalisierungstendenz meist nicht nur einen bestimmten Angstreiz bei einer Phobie gibt, sondern eine ganze Klasse von Reizen. Bei einem „Hundephobiker" zum Beispiel macht nicht nur der Hund des Nachbarn, der damals so schrecklich zugebissen hat, Angst, sondern jeder Hund. Ja, sogar beim Anblick eines Hundefotos zeigen sich schon Angstsymptome.

Zusammen mit dem Patienten versucht nun der Therapeut, eine Rangreihe — eine „Hierarchie" — der angstauslösenden Reize aufzustellen. In unserem Fall könnte das so aussehen:

1. das Wort „Hund";
2. die Zeichnung eines Hundes;
3. das Farbfoto eines Schäferhundes;
4. einen Hund aus der Ferne betrachten;
5. der Hund ist im Käfig im gleichen Zimmer;
6. der Hund ist frei im gleichen Zimmer;
7. der Patient läßt sich vom Hund beschnuppern;
8. er streichelt den Hund;
9. er nimmt den Hund auf den Arm.

Wir begannen die Hierarchie mit dem Reiz, der

....,

und endeten mit dem Reiz, der

....

Beginn:
Der Reiz, der *am wenigsten Angst erregt;*
Ende:
der Reiz, der *am meisten Angst erregt.*

Der Klaustrophobiker *wird zuerst in große, weiträumige Zimmer gebracht, dann allmählich in immer engere,* bis schließlich die Angstreaktion gelöscht ist.

12 Systematisch wird der Patient nun diesen Reizen ausgesetzt.

Man beginnt mit dem Reiz, der die schwächste Angstreaktion auslöst. Die Konfrontation mit diesem Reiz wird so lange wiederholt, bis der Patient keine Angst mehr zeigt. Dann geht man zum nächststärkeren Reiz der Hierarchie über.

Dieses Verfahren wird so lange fortgesetzt, bis sich der Patient schließlich auch bei dem ursprünglich stärksten Reiz „normal" verhält. Er nimmt also zum Beispiel den Hund ohne Furcht auf den Arm: Die Angstreaktion ist gelöscht.

Wie könnte ein Verhaltenstherapeut wohl bei einem Patienten mit Klaustrophobie vorgehen, der also Angst vor engen Räumen hat?

....

....

....

1. Eine *Hierarchie* der *angstauslösenden* Reize wird aufgestellt.

2. Der Patient wird *den Reizen* ausgesetzt, wobei man beim *harmlosesten (schwächsten)* beginnt.

13 Wir haben hier eine der vielen möglichen Methoden der Verhaltenstherapie kennengelernt. Sie beruht auf dem Lerngesetz der Löschung. Weil eine konditionierte Reaktion verlernt wird, spricht man von „*Dekonditionieren*".

Dieses Verfahren hat einen Nachteil: Es dauert recht lange. Und wenn man nicht intensiv genug „gelöscht" hat, kann unter Umständen die Angst später doch wieder auftreten.

Haben Sie die Stufen der Dekonditionierung noch präsent?

1. Es wird eine .... der .... Reize aufgestellt.

2. Der Patient wird systematisch und schrittweise .... ausgesetzt, wobei man beim .... beginnt.

14 Kein Mensch kann gleichzeitig die Augen aufreißen und die Lider schließen. Das sind zwei „unvereinbare" Reaktionen.

Es gibt natürliche, unbedingte Reize, die Angstreaktionen auslösen. Genauso gibt es unbedingte Reize, die zu Entspannung und Wohlbehagen führen. Das sind zum Beispiel Essen, Entspannen der Muskeln, starke Neugier und sexuelle Reaktionen.

Man kann jedoch nicht gleichzeitig Angst haben und wohlig entspannt sein. Das sind zwei genauso unvereinbare Reaktionen.

Diese Unvereinbarkeit von Reaktionen nutzt die Verhaltenstheraphie. Wie wohl?

Immer kurz bevor Angst auszubrechen droht, gibt man einen Reiz, der unbedingt .... auslöst.

Man gibt einen Reiz, der *Entspannung auslöst* (oder eine andere der mit Angst nicht vereinbaren Reaktionen).

15 Die amerikanische Psychologin Mary Cover Jones war die erste, die dieses Prinzip systematisch anwandte: Sie brachte einem kleinen Jungen mit Kaninchenphobie das Tier schrittweise näher. Jedesmal, wenn bei ihm Angst aufstieg, gab sie ihm ein Stück Schokolade zu essen. Der Junge beruhigte sich dann und konnte es allmählich immer länger und in immer größerer Nähe mit dem Kaninchen aushalten. Und noch mehr: Sobald der Junge später das Kaninchen erblickte, war er beruhigt und fühlte sich besonders wohl.

Was hat sich hier — in lerntheoretischen Begriffen — abgespielt?

Der Anblick des Kaninchens, zunächst bedingter Reiz für eine bedingte Angstreaktion, wurde zum .... Reiz für die Reaktion „Entspannung und Wohlbehagen".

Die Angstreaktion wurde also nicht nur gelöscht; sie wurde gehemmt, weil sie mit der zweiten, durch Essen ausgelösten Reaktion .... war.

Das Kaninchen wurde zum *bedingten* Reiz für eine Entspannungsreaktion. Mit ihr war die Angstreaktion *unvereinbar*.

C ist richtig.

16 Der kleine Junge hat ein unangepaßtes Verhalten nicht einfach nur verlernt; er hat *umgelernt.* Der Verhaltenstherapeut nennt diese Methode „*Gegenkonditionieren*": Bedingte Reize, die eine bestimmte bedingte Reaktion (Angst) auslösen, werden zu Auslösern für eine andere Reaktion (Entspannung), die mit der ersten unvereinbar ist.

Doch auch diese therapeutische Methode hat ihren Haken. Bei manchen Phobien kann man den Patienten nicht so schön schrittweise von Reiz zu Reiz führen. Schon allein deshalb nicht, weil man nicht jedes furchterregende Objekt, jede ängstigende Situation ins Behandlungszimmer bringen kann. Stellen Sie sich einen Patienten mit Angst vor Autoritätspersonen vor: Man müßte den Chef zur Sprechstunde bitten!

Glücklicherweise ergaben Versuche, daß man gar nicht unbedingt die lebensechte Situation zur Therapie benötigt. Es genügt schon . . .

☐ A ein intensives Training in bestimmten Vermeidungstechniken.

☐ B der stärkste angsterregende Reiz, wenn er mit einem besonders stark beruhigenden Reiz gekoppelt wird.

☐ C eine intensive, bildhafte Vorstellung der angsterregenden Reize in der Phantasie.

17 Sie erinnern sich: Auch die Entspannung der Muskeln wirkt als unbedingter Reiz für Beruhigung und Wohlbefinden. Auch sie ist eine geeignete Grundlage für das „Gegenkonditionieren".

Mit Hilfe einer bestimmten Technik der tiefen Muskelentspannung und der nur dem Menschen eigenen Fähigkeit, allein durch lebhafte Vorstellung angstauslösender Reize Angstsymptome zu zeigen, entwickelte der südafrikanische Psychologe und Verhaltenstherapeut Joseph Wolpe eine neue Behandlungsmethode, die „*Systematische Desensibilisierung*".

Dabei geht man in folgenden Stufen vor:

1. Patient und Therapeut erarbeiten eine Hierarchie der angstauslösenden Reize.

2. Der Patient lernt die Technik der tiefen ....

3. Der Patient lernt, zunächst an angenehmen oder gefühlsneutralen Szenen, sich bestimmte Objekte und Situationen lebhaft .... und je nach Aufforderung entstehen und wieder vergehen zu lassen.

2. Der Patient lernt die Technik der *Muskelentspannung.*

3. Er lernt, sich bestimmte Dinge lebhaft *vorzustellen.*

18 Jetzt beginnt die eigentliche Therapie: Tief entspannt stellt sich der Patient die untersten Reize seiner Angsthierarchie vor.

Die Entspannung ist unvereinbar mit den leichten Angstreaktionen, die normalerweise beim Vorstellen bestimmter Angstreize auftreten. Sie werden gehemmt.

So erklimmt der Patient Stufe um Stufe seiner Angstleiter. Stellen sich Anzeichen von Angst ein, wird die Vorstellung sofort gestoppt. Der Patient kehrt zu einer tieferen Stufe zurück, die er bereits gemeistert hat.

Eigentlich ist die „systematische Desensibilisierung" keine neue Methode, sondern eher eine Variante . . .

☐ A des Vergessens.
☐ B der Löschung.
☐ C des Dekonditionierens.
☐ D des Gegenkonditionierens.
☐ E der Psychoanalyse.

D ist richtig.

19 Einmaliges angstfreies Vorstellen eines jeden Reizes im Zustand der Entspannung reicht natürlich nicht aus, um eine Phobie zu heilen. Jede Stufe der Hierarchie muß sicher beherrscht werden. Dabei wird von Sitzung zu Sitzung die Vorstellung jedes Reizes, die anfangs nur kurz ist, nach und nach auf 15 Sekunden ausgedehnt.

Die Therapie ist beendet, der Patient geheilt, wenn er alle Punkte seiner Hierarchie ohne jedes Anzeichen von Angst in seiner Vorstellung vergegenwärtigen kann. Dann kann er ihnen auch in der Wirklichkeit gegenübertreten.

Vielleicht haben Sie beim Lesen dieses Lernprogramms den Eindruck gehabt, so neu sei das Vorgehen der Verhaltenstherapie eigentlich gar nicht und manche dieser Prinzipien wende der eine oder andere auch bei sich selbst an — oder Eltern bei ihren Kindern. Nun, wenn Sie solche Beispiele, bei denen ähnliches Vorgehen zum Erfolg führt, kennen, dann können Sie sicher sein, daß ein Verhaltenstherapeut, der diese Methoden mit System anwendet, tatsächlich helfen und „heilen“ kann.

Wir haben natürlich nur ganz wenige verhaltenstherapeutische Methoden zeigen können und uns dabei auf die Behandlung von Phobien beschränkt.

Es gibt inzwischen eine Fülle weiterer wirksamer und auch wesentlich komplizierterer Therapieverfahren. Was ihnen gemeinsam ist: Sie alle beruhen auf den Erkenntnissen der empirischen Lernpsychologie, und ihre Durchführung unterliegt der gleichen Kontrolle wie ein wissenschaftliches Experiment.

Wirtschaftspsychologie

Im letzten Kapitel wollen wir einen Überblick über eines der vielfältigsten Gebiete der Angewandten Psychologie geben: Es ist die *Wirtschaftspsychologie.*

Nach einer gängigen Definition versteht man unter „Wirtschaft“ die Gesamtheit aller Einrichtungen und Maßnahmen zur Deckung des menschlichen Bedarfs an Gütern und Dienstleistungen.

Die Wirtschaft hat damit zwei Seiten: auf der einen die Produzenten, die Güter und Leistungen bereitstellen (und der Handel, der sie vertreibt), auf der anderen die Konsumenten, deren Bedürfnisse damit befriedigt werden. Entsprechend dieser Zweiteilung unterscheidet man innerhalb der Wirtschaftspsychologie zwei große Bereiche:
Im Blickpunkt der Betriebspsychologie steht der Mensch als Produzent. Mit dem Menschen als Konsumenten befaßt sich die Marktpsychologie. Eine Übersicht über die Bereiche der Wirtschaftspsychologie gibt Abbildung 23:

Abb. 23

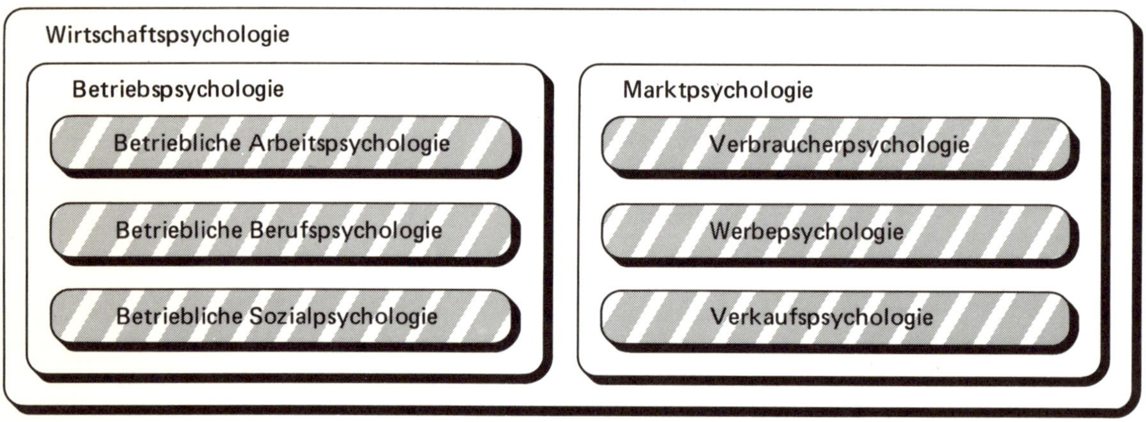

Psychologie im Dienst von Werbung und Verkauf

Man kann Wirtschaftspsychologie als „Angewandte Psychologie im Dienste der Wirtschaft“ sehen. Und das trifft auch für die *Marktpsychologie* weitgehend zu:

- Die *Werbepsychologie* hilft, dem Produkt oder der Dienstleistung die für den Absatz günstigste Gestalt und „Verpackung“ zu geben, vor allem aber mit Werbemaßnahmen den unentschlossenen Verbraucher zu beeinflussen, seine Kaufentscheidung zugunsten des beworbenen Produkts zu treffen. Die Bedeutung der Werbepsychologie steigt dabei in dem Maß, in dem der Konsument bei gleichartigen Produkten verschiedener Marken seine Entscheidung nicht mehr aufgrund objektiver Unterschiede — beispielsweise verschiedenen Gebrauchsnutzens —, sondern bestimmter sekundärer Versprechungen wie Prestige, Glück, Schönheit trifft, die mit dem Produkt assoziiert werden.

- Die *Verkaufspsychologie* gibt Ratschläge für die optimalen Methoden des Verkaufs, ob es sich dabei um die richtige Taktik im Verkaufsgespräch oder um die verkaufsgünstigste Warenplazierung, beispielsweise im Selbstbedienungsgeschäft, handelt.
- Grundlage für diese beiden praktischen Anwendungsbereiche der Marktpsychologie ist die mehr empirisch orientierte *Verbraucherpsychologie* (oder „Marktforschung"). Sie dient der Ergründung der Bedürfnisse und Motive des Konsumenten, seiner Einstellungen und Verhaltensgewohnheiten. In der „Motivforschung" überschneidet sich die Marktpsychologie mit der Meinungsforschung, bei der Angewandte Soziologie und Psychologie zusammenarbeiten.

Wohlstand, aber Entfremdung

Gegen die Werbe- und Verkaufspsychologie wurde der Vorwurf der „geheimen Verführung" erhoben. Es ist umstritten, ob dem Verbraucher bei all den massiven Werbeappellen, denen er ausgesetzt ist, die Freiheit der Kaufentscheidung bleibt oder ob in einer Überflußgesellschaft, in der der Konsument mehr Dinge kauft, als er zur Befriedigung seiner unmittelbaren Bedürfnisse braucht, die Psychologie nicht doch Hilfsdienste bei der Ausübung von Konsumzwang oder gar „-terror" leistet.

Die Auseinandersetzung mit ethischen Problemen, die bei der Anwendung seiner Wissenschaft entstehen, kann dem einzelnen Psychologen nicht abgenommen werden. Fest steht, daß die Menschen als Verbraucher Einzelwesen sind und sich im allgemeinen nicht zu organisierten Einheiten zusammenschließen. Als Produzenten neigen sie dazu, immer größere soziale Einheiten zu bilden. Eines der deutlichsten Ergebnisse der „industriellen Revolution" im 18. und 19. Jahrhundert war die Bildung ständig größer werdender Wirtschaftsunternehmen — eine Tendenz, die immer noch anhält. Arbeitsteilung, Mechanisierung und Automatisierung haben einerseits den relativen Wohlstand des einzelnen in den Industrienationen ermöglicht, andererseits führten sie zu weitgehender „Entfremdung" des arbeitenden Menschen von seiner Arbeit, durch die — wie Karl Marx sagt — „die eigene Tat des Menschen ihm zu einer fremden, gegenüberstehenden Macht wird, die ihn unterjocht, statt daß er sie beherrscht".

Aus dem Bemühen, die teilweise unmenschlichen Arbeitsbedingungen um die Jahrhundertwende zu humanisieren, entstand die Wirtschaftspsychologie. Eine Wissenschaft sollte zur Lösung des gespannten Verhältnisses von Mensch und Wirtschaft beitragen. Wirtschaftspsychologie kann von ihrem historischen Anspruch her als „das wissenschaftliche und praktische Bemühen um humane Lösung der in der Wirtschaft entstehenden Probleme" betrachtet werden.

Wenn es auch fraglich sein mag, inwieweit diese Definition heute für die Marktpsychologie gilt — für die *Betriebspsychologie* kann sie zutreffen: Der Betriebspsychologe bemüht sich, die Faktoren „Mensch" und „Arbeit" in Einklang zu bringen. Aus dieser Aufgabe ergeben sich drei Problemkreise, die sich in der Einteilung der Betriebspsychologie widerspiegeln:

Die Arbeit dem Menschen anpassen

Mit der Frage der Anpassung der Arbeit an den Menschen beschäftigt sich die *betriebliche Arbeitspsychologie.* Die moderne Industriegesellschaft hat noch nie dagewesene Arbeitsbedingungen geschaffen: Sie sind vor allem durch Trennung des Arbeitenden von der Familie, durch Arbeitsteilung, Fließbandarbeit und Automation gekennzeichnet. Die Maxime ist der möglichst wirtschaftliche und rationelle Einsatz der menschlichen Arbeitskraft.

Die Psychologie sorgt nun für weitestgehende psychische und physische Schonung. Dazu gibt sie Hinweise, wie man Arbeitsablauf und Arbeitsplatz, Werkzeuge und Maschinen technisch und organisatorisch so einrichtet, daß sie dem Menschen am besten entsprechen. Sie klärt zum Beispiel, ob man bei einer bestimmten Arbeit besser sitzt oder steht.

Der Mensch ist keine Maschine, die — einmal eingeschaltet — konstant die Bestleistung erbringt, für die sie konstruiert ist. Der Mensch ermüdet, leidet unter Monotonie. Seine Leistung ist tageszeit-, wochen- und jahreszeitabhängigen Schwankungen unterworfen. Die Arbeitspsychologie liefert Hinweise für die zeitliche Gestaltung der Arbeit: etwa, wann bei einer bestimmten Arbeit Pausen eingelegt werden sollten. Und der Mensch braucht bei der Arbeit bestimmte Umweltbedingungen. Die Arbeitspsychologie untersucht zum Beispiel auch die Einflüsse, die Klima — Temperatur und Luftfeuchtigkeit —, Lärm, Beleuchtung und Farbgestaltung des Arbeitsplatzes und der Maschinen auf die Arbeit haben. Hinzu kommt noch der Bereich der Unfall-Ursachenforschung, Unfallbekämpfung und Planung von Sicherheitsmaßnahmen.

Die Übergänge zwischen Arbeitspsychologie und ihren Nachbarwissenschaften — zum Beispiel der Arbeitsmedizin, Arbeitsphysiologie und Arbeitspädagogik — sind fließend. Seit einigen Jahren hat sich das umfassende Gebiet der *Ergonomie* („Arbeitswissenschaft") als eigene Disziplin entwickelt.

Den Menschen der Arbeit anpassen

Der zweite Problemkreis der Betriebspsychologie ergibt sich aus der Forderung, den Menschen an die Arbeit anzupassen: die *betriebliche Berufspsychologie.* Man wird nicht für einen bestimmten Beruf geboren, sondern ausgebildet. Berufsausbildung, Anlernen, Umschulung — das sind Antworten auf die Frage: Was muß man tun, um den Menschen an bestimmte Berufs- und Arbeitsanforderungen so anzupassen, daß ihm die Arbeit optimal gelingt?

Die Berufspsychologie überschneidet sich hier mit den immer stärker im Blickpunkt stehenden Fragen der außerschulischen Pädagogischen Psychologie. Ausgangspunkt ihrer Maßnahmen ist mehr und mehr die Frage der „Lernziele": Bevor man Ausbildungspläne und -inhalte festlegt, müssen von der Berufspsychologie Analysen der Arbeits- und Berufsanforderungen erstellt werden, die Grundlagen für „Berufsbilder" werden.

Analyse der Berufstätigkeiten ist auch Voraussetzung für den anderen großen Bereich der „Anpassung des Menschen an die Arbeit": die betriebliche *Eignungsdiagnostik.* Hier ist die Diagnostische Psychologie Hilfswissenschaft der „Personalauslese" (und im außerbetrieblichen Bereich der Ausbildungs- und Berufsberatung). Sie ermöglicht, unter einem Angebot an Bewerbern diejenigen herauszufinden, die nach ihren Persönlichkeits- und Leistungsmerkmalen für einen bestimmten Ausbildungsgang oder Arbeitsplatz am besten geeignet sind.

Menschen einander anpassen

Wenn mehrere Menschen gemeinsam an der Erfüllung einer Aufgabe arbeiten, ist eine gewisse Ordnung nötig, der sich die einzelnen einfügen: die betriebliche Organisation. Damit — und das ist der dritte Themenkreis der Betriebspsychologie — ergeben sich Probleme der Anpassung des Menschen an den Mitmenschen, die die *betriebliche Sozialpsychologie* zu lösen versucht.

Typisch für eine Organisation ist, daß sich ihre Angehörigen nach bestimmten, formell festgelegten Richtlinien verhalten sollen. Der formelle Zwang, etwa zur Über- oder Unterordnung, entspricht meistens nicht den sozialen Bedürfnissen der Menschen im Betrieb: Es bilden sich „informelle" Beziehungen neben dem „Dienstweg" heraus. In jedem Betrieb entsteht dadurch neben der formellen eine informelle Organisation. Informelle Beziehungen zu beachten und in sie einzugreifen, wo sie dem Betriebszweck schaden, ist eine Aufgabe der betrieblichen Sozialpsychologie. Sie muß diese Beziehungen aber fördern, wenn sie zum Wohlbefinden der Menschen im Betrieb beitragen und die Mitarbeiter zufrieden machen will.

Kenntnis und Berücksichtigung der informellen Beziehungen und weiterer sozialpsychologischer Faktoren helfen auch dabei, Arbeitsgruppen so zusammenzustellen, daß eine optimale Leistungsfähigkeit erreicht wird. Ein wichtiges Feld der betrieblichen Sozialpsychologie ist die *Führungspsychologie*: In jeder Organisation entstehen Probleme der Über- und Unterordnung, die man durch Anwendung bestimmter Führungsstile und -techniken durch die Vorgesetzten auf den jeweiligen Stufen der betrieblichen Hierarchie zu lösen versucht.

Der Begriff „Wirtschaftspsychologie“ ist manchmal etwas zu eng gefaßt. Zum Beispiel lassen sich werbepsychologische Prinzipien selbstverständlich ebenso auf die Werbung für politische Parteien wie für kirchliche Organisationen übertragen. Fragestellungen und praktische Aufgaben — besonders sozialpsychologischer Art — der Betriebspsychologie gelten weitgehend auch für „außerwirtschaftliche“ Bereiche: zum Beispiel für die Wehrpsychologie und für andere öffentliche Organisationen wie Behörden, Schulen, Universitäten.

Lernprogramm 12 auf den nächsten Seiten befaßt sich mit Überlegungen und Untersuchungen der Betriebspsychologie zur Steigerung der Arbeitsmotivation und damit zur gleichzeitigen Anhebung von Produktivität und Zufriedenheit.

Lernprogramm 12

Irrtümer im Management

Wir müssen — warum, wird noch klar werden — wie Radio Eriwan antworten: Im Prinzip stimmen C und D. Aber auch A und B können unter bestimmten Umständen gelten.

1 Ein vorrangiges Ziel jedes Industrieunternehmens ist die rentable Produktion. Die Führung eines Unternehmens sieht sich deshalb vor die Frage gestellt, wie man die Mitarbeiter dazu bringt, sich in die betriebliche Organisation einzufügen und die geforderte Arbeit optimal zu leisten.

Wir wissen, daß das Verhalten eines Menschen weitgehend von seinen Motiven abhängt. Was motiviert Ihrer Meinung nach die meisten Menschen, für einen Betrieb — gleich welcher Art — zu arbeiten?

☐ A Der Mensch ist ohne weiteres von sich aus bereit, die vom Betrieb geforderten Leistungen zu erbringen und dabei den Anweisungen von Vorgesetzten zu folgen.

☐ B Der Mensch muß zur Arbeit gezwungen werden. Dafür gibt es eine ganze Reihe von wirtschaftlichen und anderen Druckmitteln.

☐ C Der Mensch braucht zur Befriedigung seiner physischen Bedürfnisse Geld. Das kann er, wenn er nicht selbständig ist, eben nur als Arbeitnehmer in einem Betrieb verdienen.

☐ D Es gibt — neben Geld — eine Reihe von Mitteln, den Menschen zur Arbeit und zur Einordnung in eine betriebliche Organisation zu motivieren.

2 Der verstorbene amerikanische Betriebspsychologe Douglas McGregor vom Massachusetts Institute of Technology hat verschiedene „Philosophien“ der Unternehmensführung untersucht, die sich zur Frage der Mitarbeitermotivation herausgebildet haben. Er kam zu dem Schluß, daß ein großer Teil der Politik des Managements — bewußt oder unbewußt — an psychologischen Tatsachen über menschliches Verhalten vorbeigeht und einer einseitigen ökonomischen Logik entspricht.

Diese trotzdem weitverbreiteten Annahmen über die Natur des Menschen und die Maßnahmen, die notwendig sind, um ihn zu führen, faßte McGregor — etwas überspitzt — in einem 1960 veröffentlichten Buch zu einer „Theorie X“ zusammen.

Ihre erste These heißt:

- „Der Mensch ist von Natur aus faul und nur an der Befriedigung seiner physischen Bedürfnisse interessiert; er drückt sich vor der Arbeit, wo er nur kann.“

Daraus folgt: Wenn man eine angemessene Erfüllung der Unternehmensziele erreichen will, . . .

☐ A muß man zu Zwang, Befehl, Androhung von Strafe und strenger Überwachung greifen.

☐ B muß man an die Vernunft des Menschen appellieren.

A folgt aus These 1 der „Theorie X“.

McGregor ist der Ansicht B.

3 Aus der ersten These der „Theorie X" folgt eine zweite:
- „Der Mensch ist unselbständig und will geführt sein; er hat keinen Ehrgeiz und drückt sich vor Verantwortung. Man muß ihm deshalb stets sagen, was er zu tun hat, statt daß man ihn selbst darüber nachdenken läßt."

Sieht das Management sich tatsächlich einer Welt voller Tagediebe gegenüber, die nur durch Anleitung und Kontrolle zur Leistung gebracht werden können? McGregor betonte, daß diese Annahmen noch immer großen Einfluß in der Industrie haben. Man befriedige die leiblichen Bedürfnisse der Menschen, um ihre Arbeitskraft zu erhalten, und ihre Bedürfnisse nach Sicherheit, indem man einige zusätzliche Sozialleistungen bereithalte. Und man sorge für eine gelegentliche latente Furcht vor Arbeitslosigkeit, falls man das für günstig hält.

Was ist Ihre Meinung?

☐ A Die „Theorie X" beschreibt die tatsächlichen Einstellungen des Menschen zur Arbeit. Die Maßnahmen der Unternehmensführung sind eine logische Konsequenz daraus.

☐ B Die „Theorie X" beschreibt einen Zustand, der tatsächlich vielfach durch die Auffassung des Managements, daß Arbeit abstoßend sei, hervorgerufen wird.

☐ C Die „Theorie X" ist einfach unwahr.

Entweder *erzieht man die Menschen zu einer positiveren Arbeitseinstellung* (was dann das Management zu einer Revision seiner Theorien führen würde), oder *man bringt das Management zu anderen Ansichten über den Menschen* (was zu positiverer Arbeitseinstellung führt).

4 Es gibt ja wirklich eine große Zahl von unselbständigen Menschen mit schwacher Leistungsmotivation, die nur auf Befehl und unter Aufsicht arbeiten. Doch viele Untersuchungen haben gezeigt, daß Menschen mit dieser Arbeitseinstellung das Resultat von Maßnahmen einer Unternehmensführung sind, die der „Theorie X" anhängt. Und diese Menschen wiederum bekräftigen dann das Management in seinen falschen Ansichten.

McGregor hält es jedoch für überflüssig, die Frage nach „Henne oder Ei" zu lösen: ob bestimmte menschliche Verhaltensweisen zu „Theorie X" geführt haben oder ob „Theorie X" die arbeitenden Menschen so geprägt hat. Wichtig ist, daß etwas geändert wird, und dafür gibt es zwei Möglichkeiten:

Entweder ....
....,
oder ....
....

McGregor fordert vom Management einen Einstellungswandel in Richtung auf eine neue Philosophie, die er mit „Theorie Y" bezeichnet.

Ihre erste These:

- „Dem Menschen ist es weder angeboren, die Arbeit zu lieben, noch sie zu hassen. Er entwickelt eine Einstellung zur Arbeit, die auf .... (seiner Natur/ seinen individuellen Erfahrungen) beruht."

Und die zweite These:

- „Autoritäre Maßnahmen wie Überwachung und Strafandrohung sind nicht die einzigen Mittel, Arbeit zugunsten der Unternehmensziele zu erzwingen. Der Mensch ist durchaus fähig, bei der Erfüllung der ihm übertragenen Aufgaben ...."

Die Einstellung des Menschen zur Arbeit beruht auf *seinen individuellen Erfahrungen.*
Er ist durchaus fähig, *selbständig und ohne Aufsicht zu handeln.*

McGregor rundet seine „Theorie Y" mit einer dritten These ab:

- „Der Mensch ist in der Lage, sich auch selbst Ziele zu setzen, wenn er sieht, daß sich das lohnt. Und sobald er ein Ziel ansteuert, wird er es mit mindestens der gleichen Energie anstreben, als wenn er unter dem Druck eines Vorgesetzten steht."

McGregor meint, daß die Menschen unter den Bedingungen der „Theorie Y" produktiver sind. Zudem brauchen sie nicht mehr unnötig Energie und Einfallsreichtum darauf zu verschwenden, Wege zu finden, wie sie dem Vorgesetzten am besten entgegenarbeiten können oder seinem Druck und seiner Kontrolle entwischen.

Was wären die Folgen für die Führung von Wirtschaftsunternehmen, wenn sie sich McGregors „Theorie Y" zu eigen machten?

☐ A Der Abbau jeder Führungsautorität, der letztlich zu Anarchie und Zerfall der Leistungsgesellschaft führen würde.

☐ B Selbstdisziplin der Mitarbeiter und Kooperationsbereitschaft mit dem Management, sofern die Mitarbeiter in den Zielen des Unternehmens Vorteile für sich selbst sehen.

B ist natürlich richtig.

A, B, C, D, E und F sind mögliche Wege zu einer „Integration der Ziele“.

7 Worauf McGregor mit der Aufstellung seiner „Theorie Y“ hinauswill, ist eine „Integration der Ziele des einzelnen Mitarbeiters mit denen des Unternehmens“. Er betont, daß die Ziele eines Betriebes und die seiner Mitarbeiter nicht unvereinbar sind. Autoritäre Führung ist dem Menschenbild der „Theorie Y“ nicht mehr angemessen, wenn sich die Betriebsangehörigen verpflichtet haben, die Ziele der Organisation zu ihren eigenen zu machen — und umgekehrt.

Um das Vertrauen, das dazu notwendig ist, zu erreichen, wurden — nicht nur von McGregor — viele Vorschläge gemacht. Entscheiden Sie, welche der folgenden dafür brauchbar sein könnten:

☐ A Miteigentum an den Produktionsmitteln.

☐ B Mitbeteiligung am Unternehmensgewinn.

☐ C Mitbestimmung über die Unternehmensziele.

☐ D Übertragung von Verantwortung und weitgehende Selbstbestimmung der eigenen Arbeitsweise.

☐ E Die Möglichkeit des persönlichen Weiterkommens.

☐ F Fortentwicklung der eigenen beruflichen Qualifikation.

☐ G Leistungsgerechte Entlohnung.

☐ H Gute Sozialleistungen.

A ist richtig.

8 Miteigentum und Gewinnbeteiligung allein sind nach McGregor allerdings noch keine Garantie für Kooperationsbereitschaft. Die Möglichkeit des finanziellen Gewinns muß mit Vergrößerung von Kompetenzen, mit mehr Selbstbestimmung und -kontrolle und vor allem mit einer Sinnsteigerung der Arbeit verbunden werden.

Denn eine größere Motivation wird erreicht, wenn . . .

☐ A die ausgeübte Tätigkeit selbst interessant und anspruchsvoll, also von sich aus befriedigend ist.

☐ B wenn die Tätigkeit mit hohen finanziellen Anreizen verbunden ist.

9 McGregor hat Auffassungen des Managements und seine eigenen Ansichten in Theorien und Postulaten zusammengefaßt. Betriebspsychologen sind aber auch Empiriker. Wie sieht es nun wirklich bei den Arbeitnehmern aus? Welche Motive haben sie? Wann sind sie bei ihrer Arbeit tatsächlich zufrieden?

Frederick Herzberg vom Psychologischen Institut der Universität Pittsburgh in Pennsylvania und seine Mitarbeiter veröffentlichten 1959 die Ergebnisse einer Befragung von 200 kaufmännischen und technischen Angestellten. Sie wurden aufgefordert, sich an Ereignisse im Zusammenhang mit ihrer Arbeit zu erinnern, die sie entweder besonders zufrieden oder besonders unzufrieden gemacht hatten. Ferner stellte man die Auswirkungen dieser Ereignisse auf Arbeitsmoral und Leistung fest.

Wann erhöhten sich wohl, Ihrer Ansicht nach, Leistung und Arbeitszufriedenheit besonders?

☐ A Bei einer Gehaltserhöhung.
☐ B Bei besonders guten Ergebnissen ihrer Arbeit.
☐ C Nach einer Modernisierung des Arbeitsplatzes.
☐ D Nach einer Erhöhung der Sozialleistungen.
☐ E Bei einer Anerkennung der beruflichen Qualifikation.
☐ F Bei Übertragung größerer Kompetenzen und Verantwortung.

B, E und F hatten, wie wir gleich näher erläutern, größere Leistung und Zufriedenheit zur Folge.

10 Die Motivation, noch mehr zu leisten, ging tatsächlich von der Arbeit selbst aus. Somit war eine gute Motivation primär mit den Aufgaben gekoppelt, die die Befragten zu erfüllen hatten.

Sekundäre Faktoren wie Bezahlung, Sicherheit des Arbeitsplatzes oder äußere Arbeitsbedingungen schienen irgendwie selbstverständlich zu sein. Trat aber bei einem dieser Faktoren eine Störung auf, dann fühlten sich die Befragten nicht wohl; sie glaubten, ungerecht behandelt worden zu sein. Ihre Einstellung zur Arbeit wurde negativ. Die Leistung ging zurück. Was ist also richtig?

☐ A Verbesserung dieser „sekundären" Faktoren führt zu positiverer Einstellung.

☐ B Verschlechterung dieser Faktoren führt zu negativer Einstellung.

☐ C Beides stimmt.
☐ D Keins von beidem stimmt.

Nur B ist richtig.

1. *Motivations*faktoren
2. *Hygiene*faktoren

11 Aufgrund dieser Ergebnisse unterschied Herzberg von nun an zwischen „Motivationsfaktoren“ und den sogenannten „Hygienefaktoren“. (Hygiene bedeutet hier: äußere Umstände, Arbeitsbedingungen.)

Als Ansporn auf die Ausübung einer Arbeit und als Ursache einer positiven Einstellung wirken die Motivationsfaktoren. Hygienefaktoren verhindern lediglich, daß Leistungstüchtigkeit und Arbeitsmoral Einbußen erleiden. Unterscheiden Sie bitte:

1. Gute Leistungen, Berufserfolg, Anerkennung, Verantwortung und persönliches Weiterkommen wirken als ....-Faktoren.

2. Verhalten des Vorgesetzten, die Bezahlung, die Firmenpolitik, die Betriebsorganisation, Sozialleistungen und Sicherheit des Arbeitsplatzes wirken als ....-Faktoren.

Mitarbeiter durch *Hygiene*faktoren zu motivieren, scheint *wenig* sinnvoll. Ohne ausreichende Hygienefaktoren würden Leistung und Arbeitsmoral aber *sinken.*

12 Der Schlüssel zu hoher Arbeitsmotivation und Leistungsbereitschaft liegt nach den Ergebnissen Herzbergs in der Form der Aufgaben, die man den Mitarbeitern zuweist. Die Arbeit muß den Menschen an die Grenzen seiner Fähigkeit führen. Und die Zunahme der Fähigkeiten muß mit den ständig größeren Anforderungen Schritt halten.

Mitarbeiter dadurch zu motivieren, daß man ihnen bessere Bezahlung, weitere freiwillige Sozialleistungen oder noch schönere Arbeitsplätze gibt, scheint nach Herzberg .... sinnvoll.

Würden die Mitarbeiter aber dieser Hygienefaktoren beraubt werden, würden Leistung und Arbeitsmoral schnell ....

13 Bei den Personen, die Herzberg befragte, handelte es sich um verhältnismäßig qualifizierte Arbeitnehmer. Es ist deshalb fraglich, ob man seine Ergebnisse so ohne weiteres verallgemeinern und zur Stützung von McGregors „Theorie Y" heranziehen kann. Andere Untersuchungen gingen daraufhin mit der gleichen Fragestellung an Arbeitnehmer mit unterschiedlicher beruflicher Qualifikation und auf verschiedenen Stufen der betrieblichen Hierarchie heran.

Können Sie sich die Ergebnisse dieser Untersuchungen vorstellen?

1. „Die Arbeit selbst", „Verantwortung", „Aufstiegschancen" wirkten als Motivationsfaktoren . . .

☐ A bei mittleren Führungskräften.
☐ B bei angelernten Arbeitern.

2. „Bezahlung", „Arbeitsbedingungen", „Verhalten des Vorgesetzten", „Sicherheit des Arbeitsplatzes" wirkten als Motivationsfaktoren . . .

☐ A bei mittleren Führungskräften.
☐ B bei angelernten Arbeitern.

1. A ist richtig.
2. B ist richtig.

14 Auf der Suche nach den Ursachen dieser Unterschiede kamen Herzberg und andere, die nach ihm ähnliche Untersuchungen durchführten, dazu, zwei Typen unter den Arbeitnehmern zu unterscheiden:

1. Den „Motivation Suchenden". Er gewinnt seine Befriedigung vorwiegend aus der Arbeit selbst. Größere Leistung und Arbeitszufriedenheit können bei ihm hauptsächlich durch ....-Faktoren hervorgerufen werden.

2. Den „Unterhalt Suchenden". Er richtet seine Aufmerksamkeit hauptsächlich auf Begleitumstände der Arbeit. Ihn motivieren vor allem ....-Faktoren.

1. *Motivations*faktoren
2. *Hygiene*faktoren

„Theorie X“:
der „*Unterhalt* Suchende.“
„Theorie Y“:
der „*Motivation* Suchende.“

15 Alle Untersuchungen bestätigen, daß die Arbeitszufriedenheit mit dem Grad der beruflichen Qualifikation und dem Rang in der Unternehmenshierarchie ansteigt, daß also eine Zunahme der aufgabenbezogenen „primären“ Motivation mit der Zunahme von Verantwortung und Entfaltungsmöglichkeiten Hand in Hand geht.

Vergleichen Sie nun noch einmal:

- Dem Menschenbild der „Theorie X“ entspricht weitgehend der „ .... Suchende“.

- Und dem Menschenbild der „Theorie Y“ entspricht der „ .... Suchende“.

B ist richtig.

16 Hat also „Theorie X“ doch ihre — allerdings eingeschränkte — Gültigkeit? Gibt es Menschen, die von Natur aus „Unterhalt Suchende“ sind? Nein, wir wissen heute, daß entsprechende Aufgaben und Entwicklungsmöglichkeiten aus „X-Menschen“ durchaus „Y-Menschen“ machen können.

Das Prinzip der Arbeitsteilung und der weitestgehenden Spezialisierung fand seinen Höhepunkt einst in der „Erfindung“ der Fließbandarbeit. Bei einer immer gleichen, eintönigen Tätigkeit, die für den einzelnen nie zu einem sichtbaren Ergebnis führt — denn das Band rückt ja weiter —, ist kaum zu erwarten, daß aus der Arbeit selbst ein Motivationsfaktor wird.

Sind damit die meisten Arbeitnehmer in der Industrie dazu verurteilt, „X-Menschen“ zu bleiben?

☐ A Ja, denn mit dem Fließband hat man die Arbeitsweise gefunden, die die höchste Produktivität ermöglicht.

☐ B Nein, es muß Möglichkeiten geben, Arbeitsplätze so zu konzipieren, daß die Tätigkeit selbst befriedigt, ohne daß damit die Produktivität zurückgeht.

17 Es gibt eine Reihe von Maßnahmen der Arbeitsplatzgestaltung, die von der herkömmlichen Form der Fließbandarbeit wegführen.

„Job-Enlargement“ ist eine von vielen Möglichkeiten, mit denen experimentiert wird: Das Fließband wird aufgelöst, der Arbeitsplatz wird so konzipiert, daß der einzelne Arbeiter viele verschiedene Tätigkeiten ausführt und im vollen Umfang seiner Befähigung gefördert wird. Zwei Beispiele:

1. In einer Schreibmaschinenfabrik werden seit einigen Jahren die Maschinen jeweils von nur einer Arbeiterin vollständig vom ersten bis zum letzten Handgriff montiert.

2. In zwei schwedischen Automobilfabriken wird zur Zeit die Fließbandarbeit abgeschafft. Eine Gruppe von Arbeitern montiert immer einen Wagen ganz allein.

Und die Ergebnisse dieser Versuche — vermuten Sie selbst:

- Die Produktivität ....
- Die Arbeitszufriedenheit ....
- Die Fluktuation und das „Krankfeiern“ ....

....

Die Produktivität *steigt.*
Die Arbeitszufriedenheit *nimmt zu.*
Fluktuation und Fehlzeiten *nehmen ab.*

18 Ist die Betriebspsychologie, die solche Entwicklungen anregt, damit wieder nur Hilfsmittel zur Steigerung der Profite? Diesmal nur auf dem Umweg über eine größere Arbeitszufriedenheit, die Konfliktmöglichkeiten reduziert und damit eine wirksamere Ausbeutung und Herrschaft über den Menschen garantiert? Diese Fragen werden heute von einer kritischen Psychologie diskutiert.

Die meisten Menschen in den Industrienationen bringen heute mehr Zeit in Wirtschaftsbetrieben zu als in allen sonstigen sozialen Organisationen — einschließlich der Familie. Ob es besser ist, diese Zeit in Zufriedenheit oder Unzufriedenheit zuzubringen, ist eine ideologische Frage. Aber die Über- und Unterordnungsverhältnisse, die trotz aller Ansätze zur menschenwürdigeren Gestaltung der Arbeit bestehen, sind eine Herausforderung an eine demokratische Gesellschaft. Voraussetzung für ein Mit-Ausüben von Herrschaft, für Mitbestimmung, ist ein größerer Überblick. Maßnahmen, die aus der „Theorie X“ abgeleitet werden können — wie Delegation von Verantwortung oder Job-Enlargement —, können Stationen auf einem Weg dahin sein.

Literatur

Nachschlagewerke und einführende Gesamtdarstellungen

** allgemeinverständliche Literatur
* anspruchsvollere, aber verständliche Literatur
ohne * Fachliteratur

Arnold, W., H. J. Eysenck und R. Meili (Hrsg.)	*	Lexikon der Psychologie (3 Bde.) Herder, Freiburg - Basel - Wien, 1971/1972
Bühler, C.	**	Psychologie im Leben unserer Zeit Droemer - Knaur, München, 1968
Dorsch, F.	*	Psychologisches Wörterbuch Meiner - Huber, Hamburg - Bern, 1970 (8. Aufl.)
Drever, J., und W. D. Fröhlich	**	dtv-Wörterbuch zur Psychologie Deutscher Taschenbuch Verlag, München, 1968
Foss, B. M. (Ed.)	*	New horizons in psychology Penguin Books, Harmondsworth, 1966
Hehlmann, W.	*	Geschichte der Psychologie Kröner, Stuttgart, 1963
Hofstätter, P. R.	**	Psychologie. Fischer Lexikon Fischer, Frankfurt, 1957
Holzkamp, K.	*	Kritische Psychologie: Vorbereitende Arbeiten Fischer Taschenbuch Verlag, Frankfurt, 1972
Kleinbeck, U., R. Lutz und W. Schönpflug	**	Das Studium der Psychologie Schöningh, Paderborn, 1971
Krech, D., und R. S. Crutchfield	*	Grundlagen der Psychologie (2 Bde.) Beltz, Weinheim, 1969/1971
Legewie, H., und W. Ehlers	**	Knaurs moderne Psychologie Droemer - Knaur, München, 1972
Meili, R., und H. Rohracher (Hrsg.)	*	Lehrbuch der experimentellen Psychologie Huber, Bern - Stuttgart, 1972 (3. Aufl.)
Metzger, W.		Psychologie: Die Entwicklung ihrer Grundannahmen seit der Einführung des Experiments Steinkopff, Darmstadt, 1968 (4. Aufl.)
Rohracher, H.	*	Einführung in die Psychologie Urban & Schwarzenberg, Wien - Innsbruck, 1971 (10. Aufl.)

Selg, H.	* Einführung in die experimentelle Psychologie Urban-Taschenbücher, Kohlhammer, Stuttgart, 1969 (2. Aufl.)
Selg, H., und W. Bauer	* Forschungsmethoden der Psychologie Urban-Taschenbücher, Kohlhammer, Stuttgart, 1971
Thomae, H., und H. Feger	* Hauptströmungen der neueren Psychologie Akadem. Verlagsges. - Huber, Frankfurt - Bern - Stuttgart, 1972 (2. Aufl.)

Wahrnehmungspsychologie

Gregory, R. L. ** Auge und Gehirn: Zur Psychophysiologie des Sehens
Kindler, München, 1966

Holzkamp, K. * Wahrnehmung
Akadem. Verlagsges. - Huber, Frankfurt - Bern - Stuttgart, (erscheint 1973)

Metzger, W. * Gesetze des Sehens
Kramer, Frankfurt, 1953 (2. Aufl.)

Metzger, W. (Hrsg.) Wahrnehmung und Bewußtsein. Handbuch der Psychologie, Bd. 1/1. Halbbd.
Hogrefe, Göttingen, 1966

Pauli, R., und W. Arnold * Psychologisches Praktikum, Bd. 1
Stuttgart, 1972 (7. Aufl.)

Rausch, E. * Probleme der Metrik (Geometrisch-optische Täuschungen)
In: W. Metzger (Hrsg.):
Wahrnehmung und Bewußtsein. Handbuch der Psychologie, Bd. 1/1. Halbbd.
Hogrefe, Göttingen, 1966 (S. 776 - 865)

Rohracher, H. * Einführung in die Psychologie
Urban & Schwarzenberg, Wien - Innsbruck, 1971 (10. Aufl.)

Schober, H., und I. Rentschler ** Das Bild als Schein der Wirklichkeit: Optische Täuschung in Wissenschaft und Kunst
Hans Moos, München, 1972

Vernon, M. D. * The psychology of perception
Penguin Books, Harmondsworth, 1962

Vernon, M. D. (Ed.) Experiments in visual perception: Selected readings
Penguin Books, Harmondsworth, 1966

Denkpsychologie

Bergius, R. (Hrsg.)		Lernen und Denken. Handbuch der Psychologie, Bd. 1/2. Halbbd. Hogrefe, Göttingen, 1964
Bergius, R.	*	Produktives Denken (Problemlösen) In: R. Bergius (Hrsg.): Lernen und Denken. Handbuch der Psychologie, Bd. 1/2. Halbbd. Hogrefe, Göttingen, 1964
Duncker, K.	*	Zur Psychologie des produktiven Denkens J. Springer, Berlin, 1963 (2. Aufl.)
Graumann, C. F. (Hrsg.)	*	Denken Neue Wissenschaftliche Bibliothek. Kiepenheuer & Witsch, Köln - Berlin, 1965
Meili, R.	*	Denken In: R. Meili und H. Rohracher (Hrsg.): Lehrbuch der experimentellen Psychologie Huber, Bern - Stuttgart, 1963 (S. 156–214)
Oerter, R.	*	Psychologie des Denkens Auer, Donauwörth, 1971 (2. Aufl.)
Ott, E.	**	Optimales Denken: Trainingsprogramm Deutsche Verlags-Anstalt, Stuttgart, 1971
Thomson, R.	*	The psychology of thinking Penguin Books, Harmondsworth, 1959
Wason, P. C., and P. N. Johnson-Laird (Ed.)		Thinking and reasoning: Selected readings Penguin Books, Harmondsworth, 1968
Wertheimer, M.	**	Produktives Denken (Hrsg. W. Metzger). Kramer, Frankfurt 1964 (2. Aufl.)

Lernpsychologie

Bergius, R. (Hrsg.)
Lernen und Denken. Handbuch der Psychologie, Bd. 1/2. Halbbd.
Hogrefe, Göttingen, 1964

Corell, W., und H. Schwarze
** Lernpsychologie programmiert: Programmiertes Lehrbuch der Lernpsychologie
Auer, Donauwörth, 1969 (2. Aufl.)

Foppa, K.
* Lernen, Gedächtnis, Verhalten: Ergebnisse und Probleme der Lernpsychologie
Kiepenheuer & Witsch, Köln - Berlin, 1965

Gagné, R. M.
* Die Bedingungen des menschlichen Lernens
Schroedel, Hannover, 1970 (2. Aufl.)

Haseloff, O. W., und E. Jorswieck
* Psychologie des Lernens: Methoden, Ergebnisse, Anwendungen
de Gruyter, Berlin, 1971 (2. Aufl.)

Hilgard, E., und G. Bower
Theorien des Lernens (2 Bde.)
Klett, Stuttgart, 1971

Holland, J. G., und B. F. Skinner
* Analyse des Verhaltens
Urban & Schwarzenberg, München - Berlin - Wien, 1971

Hunter, I. M. L.
* Memory
Penguin Books, Harmondsworth, 1964 (2. Aufl.)

Kimble, G. A.
Hilgard and Marquis' conditioning and learning
Appleton-Century-Crofts, New York, 1961 (2. Aufl.)

Rohracher, H.
* Gedächtnis und Lernen
In: R. Meili und H. Rohracher (Hrsg.): Lehrbuch der experimentellen Psychologie
Huber, Bern - Stuttgart, 1963 (S. 103–155)

Skinner, B. F.
** Jenseits von Freiheit und Würde
Rowohlt, Reinbek, 1973

Watson, J. B., and R. Rayner
Conditioned emotional reactions
In: Journal of Experimental Psychology
1920, Bd. 3, S. 1–14

Motivationspsychologie

Bindra, D., and J. Stewart (Eds.)	*	Motivation: Selected readings Penguin Books, Harmondsworth, 1966
Dollard, J., L. W. Doob, N. E. Miller, O. H. Mowrer, and R. R. Sears		Frustration and aggression Yale University Press, New Haven, 1939 Deutsche Ausgabe: Frustration und Aggression Beltz, Weinheim, 1971 (3. Aufl.)
Graumann, C. F.	*	Motivation Akadem. Verlagsges. - Huber, Frankfurt - Bern - Stuttgart, 1969
Hacker, F.	**	Aggression: Die Brutalisierung der modernen Welt Molden, Wien - München - Zürich, 1971
Jones, M. R., and W. J. Arnold (Eds.)		Nebraska Symposium on Motivation University of Nebraska Press, Lincoln, 1953–1972 (bisher 20 Bände)
Merz, F.	*	Aggression und Aggressionstrieb In: H. Thomae (Hrsg.): Motivation. Handbuch der Psychologie, Bd. 2 Hogrefe, Göttingen, 1965 (S. 569-601)
Thomae, H. (Hrsg.):		Motivation. Handbuch der Psychologie, Bd. 2 Hogrefe, Göttingen, 1965
Thomae, H. (Hrsg.):	*	Die Motivation menschlichen Handelns Neue Wissenschaftliche Bibliothek. Kiepenheuer & Witsch, Köln - Berlin, 1965
Toman, W.	*	Motivation, Persönlichkeit, Umwelt Hogrefe, Göttingen, 1968

Entwicklungspsychologie

Erikson, E. H.	* Kindheit und Gesellschaft Klett, Stuttgart, 1965 (2. Aufl.)
Ewert, O. M. (Hrsg.)	* Entwicklungspsychologie, Bd. 1 Neue Wissenschaftliche Bibliothek. Kiepenheuer & Witsch, Köln - Berlin, 1972
Hofstätter, P. R.	* Differentielle Psychologie Kröner, Stuttgart, 1971
Hurlock, E.	* Die Entwicklung des Kindes Beltz, Weinheim, 1970
Mussen, P. A. (Ed.)	Carmichael's manual of child psychology (2 Bde.) Wiley, New York, 1970 (2. Aufl.)
Oerter, R.	* Moderne Entwicklungspsychologie Auer, Donauwörth, 1969 (4. Aufl.)
Roth, E., W. D. Oswald K. Daumenlang	* Intelligenz: Aspekte, Probleme, Perspektiven Urban-Taschenbücher, Kohlhammer, Stuttgart, 1972
Roth, H. (Hrsg.)	* Begabung und Lernen: Ergebnisse und Folgerungen neuer Forschungen Klett, Stuttgart, 1972 (8. Aufl.)
Thomae, H. (Hrsg.)	* Entwicklungspsychologie. Handbuch der Psychologie, Bd. 3 Hogrefe, Göttingen, 1959
Wiseman, S. (Ed.)	Intelligence and ability: Selected readings Penguin Books, Harmondsworth, 1967

Persönlichkeitspsychologie

Brengelmann, J. C.	*	Persönlichkeit In: R. Meili und H. Rohracher (Hrsg.): Lehrbuch der experimentellen Psychologie Huber, Bern - Stuttgart, 1963 (S. 310–353)
Cattell, R. B.		The scientific analysis of personality Penguin Books, Harmondsworth, 1965
Dollard, J., and N. E. Miller	*	Personality and psychotherapy: An analysis in terms of learning, thinking, and culture McGraw-Hill, New York, 1950
Freud, S.	*	Das Ich und das Es (1923) In: Gesamtausgabe Bd. XIII Imago Publishing, London, 1950 (11. Aufl.; S. 235–290)
Freud, S.	*	31. Vorlesung: Die Zerlegung der psychischen Persönlichkeit (1933) In: Neue Folge der Vorlesungen zur Einführung in die Psychoanalyse, Gesamtausgabe Bd. XV Imago Publishing, London, 1950 (11. Aufl.; S. 62–118)
Guilford, J. P.	*	Persönlichkeit: Logik, Methodik und Ergebnisse ihrer quantitativen Erforschung Beltz, Weinheim, 1965
Hall, C. S., and G. Lindzey		Theories of personality New York, 1957
Helwig, P.	**	Charakterologie Klett, Stuttgart, 1965 (4. Aufl.)
Herrmann, T.	*	Lehrbuch der empirischen Persönlichkeitsforschung Hogrefe, Göttingen, 1969
Hofstätter, P. R.	*	Differentielle Psychologie Kröner, Stuttgart, 1971
Lazarus, R. S., and E. M. Opton, Jr (Eds.)	*	Personality: Selected readings Penguin Books, Harmondsworth, 1967
Lersch, P., und H. Thomae (Hrsg.)		Persönlichkeitsforschung und Persönlichkeitstheorie. Handbuch der Psychologie, Bd. 4 Hogrefe, Göttingen, 1960
Roth, E.	*	Persönlichkeitspsychologie: Eine Einführung Urban-Taschenbücher, Kohlhammer, Stuttgart, 1969 (2. Aufl.)
Semeonoff, B. (Ed.)		Personality assessment: Selected readings Penguin Books, Harmondsworth, 1966

Sozialpsychologie

Anger, H.	**	Entstehung und Wandel sozialer Einstellung In: O. W. Haseloff (Hrsg.): Struktur und Dynamik des menschlichen Verhaltens: Zum Stand der modernen Psychologie Kohlhammer, Stuttgart, 1970
Argyle, M.	*	Soziale Interaktion Kiepenheuer & Witsch, Köln, 1972
Cartwright, D., and A. Zander		Group dynamics Harper & Row, Evanston, 1968 (3. Aufl.)
Festinger, L.		A theory of cognitive dissonance Harper & Row, New York, 1957
Graumann, C. F. (Hrsg.)		Sozialpsychologie. Handbuch der Psychologie, Bd. 7 1. u. 2. Halbbd. Hogrefe, Göttingen, 1969/1972
Hinst, K. (Hrsg.)	**	Wir und die anderen: Eine Sozialpsychologie des Alltags rororo-tele, Rowohlt, Reinbek, 1970
Hofstätter, P. R.	*	Gruppendynamik: Die Kritik der Massenpsychologie Rowohlts Deutsche Enzyklopädie, Hamburg, 1957
Hofstätter, P. R.	*	Einführung in die Sozialpsychologie Kröner, Stuttgart, 1966 (4. Aufl.)
Irle, M.	*	Entstehung und Änderung von sozialen Einstellungen (Attitüden) In: F. Merz (Hrsg.): Bericht über den 25. Kongreß der Deutschen Gesellschaft für Psychologie Hogrefe, Göttingen, 1967 (S. 194–221)
Jahoda, M., and N. Warren (Eds.)		Attitudes: Selected readings Penguin Books, Harmondsworth, 1966
Jones, E. E., and H. B. Gerard	*	Foundations of social psychology Wiley, New York, 1971
Krech, D., R. S. Crutchfield, and E. L. Ballachey	*	Individual in society: A textbook of social psychology McGraw-Hill, New York, 1962
Secord, P. F., and C. W. Backman	*	Social psychology McGraw-Hill, New York, 1964
Triandis, H. C.	*	Attitude and attitude change Wiley, New York, 1971

Diagnostische Psychologie

Anastasi, A.	*	Psychological testing Macmillan, New York, 1966 (2. Aufl.)
Brandstätter, H.	*	Der psychologische Test: Theorie - Konstruktion - Bewertung Kohlhammer, Stuttgart (erscheint 1973)
Cronbach, L. J.	*	Essentials on psychological testing Harper & Row, New York, 1964
Franzen, E.	**	Testpsychologie: Persönlichkeits- und Charaktertests Ullstein-Taschenbuch, Berlin, 1964
Hartmann, H.	**	Psychologische Diagnostik: Auftrag - Testsituation - Gutachten Urban-Taschenbücher, Kohlhammer, Stuttgart, 1970
Heiss, R. (Hrsg.)		Psychologische Diagnostik. Handbuch der Psychologie, Bd. 6 Hogrefe, Göttingen, 1964
Lienert, G. A.		Testaufbau und Testanalyse Beltz, Weinheim, 1967 (2. Aufl.)
Liungman, C. G.	**	Der Intelligenzkult: Eine Kritik des Intelligenzbegriffs und der IQ-Messung rororo-Sachbuch, Rowohlt, Reinbek, 1973
Meili, R.	*	Lehrbuch der psychologischen Diagnostik Huber, Bern - Stuttgart, 1965 (5. Aufl.)
Sieber, G.	**	Achtung Test: Psychologische Testverfahren — wie man sie macht und was man von ihnen erwarten darf Deutsche Verlags-Anstalt, Stuttgart, 1969
Sixtl, F.		Meßmethoden der Psychologie: Theoretische Grundlagen und Probleme Beltz, Weinheim, 1967

Pädagogische Psychologie

Correll, W. (Hrsg.)	* Programmiertes Lernen und Lehrmaschinen: Eine Quellensammlung zur Theorie und Praxis des programmierten Lernens Westermann Taschenbuch, Braunschweig, 1970 (4. Aufl.)
Correll, W., und H. Schwarze	** Pädagogische Psychologie, programmiert. Programmiertes Lehrbuch der Pädagogischen Psychologie Auer, Donauwörth, 1971
Dohmen, G., F. Maurer und W. Popp (Hrsg.)	Unterrichtsforschung und didaktische Theorie Piper, München, 1970
Fuchs, W. R.	** Knaurs Buch vom neuen Lehren Droemer - Knaur, München, 1969
Gagné, R. M.	* Die Bedingungen des menschlichen Lernens Schroedel, Hannover, 1970 (2. Aufl.)
Glaser, R. (Hrsg.)	Programmiertes Lernen und Unterrichtstechnologie: Befunde und Empfehlungen Cornelsen - Velhagen & Klasing, Berlin, 1971
Graumann, C. F., und H. Heckhausen (Hrsg.)	* Pädagogische Psychologie: 1. Entwicklung und Sozialisation Funk-Kolleg, Bd. 14. Fischer Taschenbuch, Frankfurt, 1973
Herrmann, T. (Hrsg.)	* Psychologie der Erziehungsstile. Beiträge und Diskussionen des Braunschweiger Symposions (1966) Hogrefe, Göttingen, 1972 (3. Aufl.)
Hetzer, H. (Hrsg.)	Pädagogische Psychologie. Handbuch der Psychologie, Bd. 10 Hogrefe, Göttingen, 1961 (2. Aufl.)
Hofer, M., und F. E. Weinert (Hrsg.)	* Pädagogische Psychologie: 2. Lernen und Instruktion Funk-Kolleg, Bd. 15. Fischer Taschenbuch, Frankfurt, 1973
Mager, R. F.	** Lernziele und Programmierter Unterricht Beltz, Weinheim, 1969 (3. Aufl.)
Roth, H. (Hrsg.)	* Begabung und Lernen: Ergebnisse und Folgerungen neuer Forschungen Klett, Stuttgart, 1972 (8. Aufl.)
Schiefele, H. (Hrsg.)	** Lehrprogramme in der Schule: Grundlagen - Versuche - Erfahrungen Ehrenwirth, München, 1970 (2. Aufl.)
Tausch, R., und A.-M. Tausch	* Erziehungspsychologie Hogrefe, Göttingen, 1971 (6. Aufl.)
Weinert, F. (Hrsg.)	* Pädagogische Psychologie. Neue Wissenschaftliche Bibliothek. Kiepenheuer & Witsch, Köln - Berlin, 1970 (6. Aufl.)

Klinische Psychologie

Bachmann, C. H. (Hrsg.)	* Psychoanalyse und Verhaltenstherapie Fischer Taschenbuch, Frankfurt, 1972
Elhardt, S.	* Tiefenpsychologie: Eine Einführung Urban-Taschenbücher, Kohlhammer, Stuttgart, 1971
Eysenck, H. J.	** Fact and fiction in psychology Penguin Books, Harmondsworth, 1965
Eysenck, H. J., und S. Rachmann	* Neurosen: Ursachen und Heilmethoden VEB Deutscher Vlg. der Wissenschaften, Berlin, 1967
Florin, I., und W. Tunner	** Behandlung kindlicher Verhaltensstörungen Goldmann, München, 1972 (3. Aufl.)
Görres, A.	* Methode und Erfahrungen der Psychoanalyse Geist und Psyche, Kindler, München, 1965
Heiss, R.	* Allgemeine Tiefenpsychologie: Methoden, Probleme, Ergebnisse Geist und Psyche, Kindler, München, 1972
Hennenhofer, G., und K. D. Heil	** Angst überwinden: Selbstbefreiung durch Verhaltenstraining Deutsche Verlags-Anstalt, Stuttgart, 1973
Kuiper, P. C.	* Die seelischen Krankheiten des Menschen: Psychoanalytische Neurosenlehre Huber - Klett, Bern - Stuttgart, 1968
Loch, W. (Hrsg.)	Die Krankheitslehre der Psychoanalyse: Eine Einführung Hirzel, Stuttgart, 1967
Meyer, V., und E. S. Chesser	* Verhaltenstherapie in der klinischen Psychiatrie Thieme, Stuttgart, 1971
Rachman, M. A., und J. B. Bergold	Verhaltenstherapie bei Phobien Urban & Schwarzenberg, München - Berlin - Wien, 1970
Schraml, W. J. (Hrsg.)	* Handbuch der Klinischen Psychologie Huber, Bern - Stuttgart, 1970
Schwarz, D., und E. Sedlmayr	** Befreiung von der Neurose: Die neuen Methoden der Verhaltenstherapie Diederichs, Düsseldorf - Köln, 1971
Wewetzer, K.-H. (Hrsg.)	Klinische Psychologie. Handbuch der Psychologie, Bd. 8 Hogrefe, Göttingen, (erscheint 1973)

Wirtschaftspsychologie

Arnold, W.	**	Angewandte Psychologie Urban-Taschenbücher, Kohlhammer, Stuttgart, 1970
Bass, B. M.	*	Organizational psychology Allyn & Bacon, Boston, 1965
Bornemann, E.	*	Betriebspsychologie Gabler, Wiesbaden, 1969
Gellerman, S.	*	Motivation and productivity American Management Association, New York, 1963
Haller Gilmer, B. v. (Hrsg.)	*	Handbuch der modernen Betriebspsychologie Moderne Industrie, München, 1969
Herzberg, F., B. Mausner, and B. B. Snyderman	*	The motivation to work Wiley, New York, 1959
Hofstätter, P. R., und W. H. Tack	**	Menschen im Betrieb Klett, Stuttgart, 1967
Mayer, A., und B. Herwig (Hrsg.)	*	Betriebspsychologie. Handbuch der Psychologie, Bd. 9 Hogrefe, Göttingen 1970 (2. Aufl.)
McGregor, D.	**	Der Mensch im Unternehmen Econ, Düsseldorf, 1970
Rosenstiel, L. v.	*	Psychologie der Werbung Komar, Rosenheim, 1969
Spiegel, B., und R. Bergler	*	Marktpsychologie. Handbuch der Psychologie, Bd. 12 Hogrefe, Göttingen (erscheint 1973)
	**	Taschenbuch Mensch und Arbeit Verlag Mensch und Arbeit, München, 1973 (3. Aufl.)
Tiffin, J., and E. J. McCormick	*	Industrial psychology Allen & Unwin, London, 1966 (3. Aufl.)